6급 쉽게 따는

행복漢한

급수한자

새희망

한자능력검정시험안내

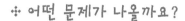

❖ 한자능력검정시험이란 ?

· 한자능력검정시험은 한자 활용 능력을 측정하는 시험으로 공인급수
  시험(특급, 특급Ⅱ, 1급, 2급, 3급, 3급Ⅱ)과 교육급수 시험(4급, 4급Ⅱ, 5급, 5급Ⅱ 6
  급, 6급Ⅱ, 7급, 7급Ⅱ, 8급)으로 나뉘어져 실시합니다.

· 한자능력검정시험은 1992년 처음 시행되어 2001년부터 국가공인자격시험(1급~4급)으로 인정받았고 2005년
  29회 시험부터 3급Ⅱ 이상은 국가공인시험으로 치러지고 있습니다.

· 자세한 내용은 시행처인 한국 한자능력검정회 홈페이지 www.hanja.re.kr에서, 시험점수와 합격안내
  는 www.hangum.re.kr을 참조하세요!

❖ 어떤 문제가 나올까요?

각 급수별로 문제 유형은 아래 표와 같습니다.

구 분	특급	특급Ⅱ	1급	2급	3급	3급Ⅱ	4급	4급Ⅱ	5급	5급Ⅱ	6급	6급Ⅱ	7급	7급Ⅱ	8급
독음	45	45	50	45	45	45	32	35	35	35	33	32	32	22	24
훈음	27	27	32	27	27	27	22	22	23	23	22	29	30	30	24
장단음	10	10	10	5	5	5	3	0	0	0	0	0	0	0	0
반의어(상대어)	10	10	10	10	10	10	3	3	3	3	3	2	2	2	0
완성형(성어)	10	10	15	10	10	10	5	5	4	4	3	2	2	2	0
부수	10	10	10	5	5	5	3	3	0	0	0	0	0	0	0
동의어(유의어)	10	10	10	5	5	5	3	3	3	3	2	0	0	0	0
동음 이의어	10	10	10	5	5	5	3	3	3	3	2	0	0	0	0
뜻풀이	5	5	10	5	5	5	3	3	3	3	2	2	2	2	0
약자	3	3	3	3	3	3	3	3	3	3	0	0	0	0	0
한자 쓰기	40	40	40	30	30	30	20	20	20	20	20	10	0	0	0
필순	0	0	0	0	0	0	0	0	3	3	3	3	2	2	2
한문	20	20	0	0	0	0	0	0	0	0	0	0	0	0	0

· 독음 : 한자의 소리를 묻는 문제입니다.

· 훈음 : 한자의 뜻과 소리를 동시에 묻는 문제입니다. 특히 대표훈음을 익히시기 바랍니다.

· 반의어.상대어 : 어떤 글자(단어)와 반대 또는 상대되는 글자(단어)를 알고 있는가를 묻는 문제입니다.

· 완성형 : 고사성어나 단어의 빈칸을 채우도록 하여 단어와 성어의 이해력 및 조어력을 묻는 문제입니다.

· 동의어.유의어 : 어떤 글자(단어)와 뜻이 같거나 유사한 글자(단어)를 알고 있는가를 묻는 문제입니다.

· 동음이의어 : 소리는 같고, 뜻은 다른 단어를 알고 있는가를 묻는 문제입니다.

· 뜻풀이 : 고사성어나 단어의 뜻을 제대로 알고 있는가를 묻는 문제입니다.

· 한자쓰기 : 제시된 뜻, 소리, 단어 등에 해당하는 한자를 쓸 수 있는가를 확인하는 문제입니다.

· 필순 : 한 획 한 획의 쓰는 순서를 알고 있는가를 묻는 문제입니다. 글자를 바르게 쓰기 위해 필요합니다.

· 6급 출제 유형 : 독음33 훈음22 반의어3 완성형3 동의어2 동음이의어2 뜻풀이2 한자쓰기20 필순3

＊ 출제 기준은 기본지침으로서 출제자의 의도에 따라 차이가 있을 수 있습니다.

합격 기준표

구분	특급·특급II	1급	2급·3급·3급II	4급·4급·5급·5급II	6급	6급II	7급	7급II	8급
출제 문항수	200		150	100	90	80	70	60	50
합격 문항수	160		105	70	63	56	49	42	35
시험시간	100분	90분	60분	50분					

❖ 급수는 어떻게 나뉘나요?

8급부터 시작하고 초등학생은 4급을 목표로, 중고등학생은 3급을 목표로 두면 적당합니다.

급수	읽기	쓰기	수준 및 특성 배정한자
특급	5,978	3,500	국한혼용 고전을 불편 없이 읽고, 연구할 수 있는 수준 고급
특급II	4,918	2,355	국한혼용 고전을 불편 없이 읽고, 연구할 수 있는 수준 중급
1급	3,500	2,005	국한혼용 고전을 불편 없이 읽고, 연구할 수 있는 수준 초급
2급	2,355	1,817	상용한자를 활용하는 것은 물론 인명지명용 기초한자 활용 단계
3급	1,817	1,000	고급 상용한자 활용의 중급 단계
3급II	1,500	750	고급 상용한자 활용의 초급 단계
4급	1,000	500	중급 상용한자 활용의 고급 단계
4급 II	750	400	중급 상용한자 활용의 중급 단계
5급	500	300	중급 상용한자 활용의 초급 단계
5급 II	400	225	중급 상용한자 활용의 초급 단계
6급	300	150	기초 상용한자 활용의 고급 단계
6급 II	225	50	기초 상용한자 활용의 중급 단계
7급	150	-	기초 상용한자 활용의 초급 단계
7급II	100	-	기초 상용한자 활용의 초급 단계
8급	50	-	한자 학습 동기 부여를 위한 급수

＊ 상위급수의 배정한자는 하위급수의 한자를 포함하고 있습니다.

❖ 급수를 따면 어떤 점이 좋을까요?

· 우리말은 한자어가 70%를 차지하므로 한자를 이해하면 개념에
  대한 이해가 훨씬 빨라져 학업 능률이 향상됩니다.
· 2005학년부터 수능 선택 과목으로 한문 과목이 채택되었습니다.
· 수많은 대학에서 대학수시모집, 특기자전형지원, 대입면접시 가
  산점을 부여하고 학점이나 졸업인증에도 반영하고 있습니다.
· 언론사, 일반 기업체 인사고과에도 한자 능력을 중시합니다.

다양한 학습 방법으로 기초를 튼튼히!!!

❖ 기본 학습

변화 과정
한자가 그림에서 변화된 과정을 글과 그림으로 쉽게 표현

훈(뜻)과 음(소리)
한자 익히기의 기본인
훈(뜻)과 음(소리)을 알기

뜻 그림
한자의 뜻을 알기 쉽게
그림으로 표현

쓰기 연습란
충분한 반복 쓰기
연습

교과서 단어
해당 한자가 들어 있는
교과서 단어

한자 유래
재미있는 그림과 함께
한자 유래 알기

필순
한자를 바르고 쉽게
따라 쓰기

tip
한자 상식이나 기억
포인트를 통해 숨겨진
한자의 재미 발견

❖ 한자 소개
앞으로 배울 한자를 10자씩 유래 그림과 함께
소개합니다.

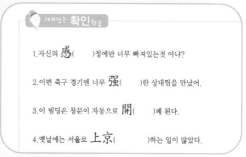

❖ 재미있는 확인 학습
앞서 배운 한자의 독음 쓰기와 선택형 문제
풀기 등 두 가지 유형의 문제를 풀어 봅니다.

이 정도 실력이면 급수따기 OK!

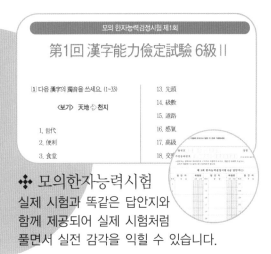

❖ 기출 및 예상 · 실전대비 문제
실제 한자능력시험에 나왔던 문제와 예상문제를 단원이 끝날 때마다 제시하였으며, 단원별 기본 학습이 끝난 후에는 실전대비 총정리 문제로 다시 한번 학습합니다.

❖ 모의한자능력시험
실제 시험과 똑같은 답안지와 함께 제공되어 실제 시험처럼 풀면서 실전 감각을 익힐 수 있습니다.

재미있게 놀며 다시 한번 복습을…

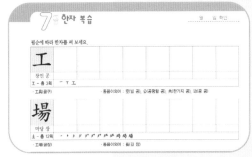

❖ 8급, 7급, 6급Ⅱ 한자 복습 + 상대어
- 상대어, 반의어 학습
- 동음이의어 학습
- 8급, 7급, 6급Ⅱ에서 공부했던 한자를 다시 한번 읽고, 써 보면서 복습을 합니다.
- 6급 급수한자를 확인합니다.

❖ 만화 사자성어
사자성어를 만화로 쉽게 이해할 수 있게 구성하였습니다. 배운 사자성어를 생활 속에서 적절히 사용해 보세요.

찾아보기 (6급 75자)

6급 과정

 感
느낄 감

 强
강할 강

 開
열 개

 京
서울 경

 苦
쓸 고

 古
옛 고

 交
사귈 교

 區
구역 구

 郡
고을 군

 根
뿌리 근

월   일 **확인:**

느낄 감 (心부)

咸 + 心 = 感

발음을 결정한 모두 함(咸)과 뜻을 결정한 마음 심(心)이 합쳐진 한자입니다.

미리도 나한테 좋은 감정(感情)을 느끼나 봐.

내 마음 알지?

그럼, 이 생선을 보면 느낄 수 있지.

필순에 따라 써 보세요   感 感 感 感 感 感 感 感 感 感 感 (총 13획)

感				
느낄 감				

· 感情(감정) : 느끼어 일어나는 마음. 기분.

8

강할 강 (弓부)

발음을 결정한 활 궁(弓)과 쌀바구미라는 곤충의 모습을 본뜬 '口+虫'을 합친 한자입니다.

작다고 얕보지 말라고. 우리가 힘을 합하면 얼마나 강력(強力)한지 아무도 모를걸?

내가 개미들 중에서 제일 강(強)해.

필순에 따라 써 보세요	強強強強強強強強強強強強 (총 12획)

強					
강할 강					

· 強敵(강적) : 강한 적 또는 상대.

상대·반의어 強(강할 강) ↔ 弱(약할 약)

9

월 일 확인:

開
열 **개** (門부)

門 + 开 = 開

손으로 문의 빗장을 여는 모습을 본뜬 한자입니다.

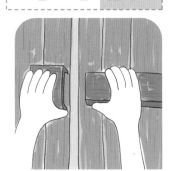

열려라 참개(開)!
열려라 통개(開)!
열려라 검은개(開)!
'개(開)'를 아무리
외쳐도 열리지 않네!

너 지금 뭐하니?
이렇게 열쇠로 열면 될걸.

쳇, 자기가 무슨
〈알리바바와
40인의 도적들〉
주인공인 줄 아나 봐.

필순에 따라 써 보세요	開 開 開 開 開 開 開 開 開 開 開 開 (총 12획)

開			
열 개			

· 開學(개학) : 학교에서 방학 따위로 한동안 쉬었다가 수업
을 다시 시작함.

상대·반의어 開(열 개) ↔ 閉(닫을 폐)

京
서울 경 (亠부)

높은 누각의 모습을 본뜬 한자입니다.

옛말에 사람은 서울로 보내고, 말은 제주도로 보내 라는 말이 있단다. 제주도 가서 잘 살아야 한다.

히히, 난 오늘 서울로 상경(上京)이다!

필순에 따라 써 보세요	京 京 京 京 京 京 京 京 (총8획)			
京				
서울 경				

· 上京 (상경) : 서울로 올라옴.

상대·반의어 京(서울 경) ↔ 鄕(시골 향)

11

쓸 고 (⺾부)

++ + 古 = 苦

뜻을 결정한 초두(⺾)와 발음을 결정한 옛 고(古)가 합쳐진 한자입니다.

원래 몸에 좋은 약은 쓴 법이야. 어서 먹어.

엄마, 약 먹는 게 너무 고통(苦痛) 스러워요.

이불에 지도만 안 그리면 쓴 약 먹을 일도 없지.

필순에 따라 써 보세요	苦 苦 苦 苦 苦 苦 苦 苦 苦 (총 9획)		
苦			
쓸 고			

· 苦難(고난) : 괴로움과 어려움.

동음이의어 高(높을 고), 苦(쓸 고), 古(옛 고)

6급 급수한자

古

옛 **고** (口부)

十 + 口 = 古

수많은 사람의 입에서 입으로 전해져 내려왔다는 뜻에서 유래된 한자입니다.

이런 고궁(古宮)에서 옛날 임금님이 살았단다.

아빠, 갑자기 옛날 일들이 떠오르는 것 같아요. 왕관을 쓴 아빠 옆에 제가 앉아 있고, 아래에는 신하들이 쭉 서서…

아휴, 왕자병이 또 도졌군.

필순에 따라 써 보세요	古 古 古 古 古 (총5획)

古			古	古	古
옛 고					

· 古宮(고궁) : 옛 궁궐.

상대·반의어 古(옛 고) ↔ 今(이제 금)

交

사귈 교 (亠부)

사람이 다리를 꼬고 앉아 있는 모습을 본뜬 한자입니다.

너 나랑 사귈래?

어쩌지,
엄마가 고양이랑은
교제(交際)하지
말라고 했는데‥

필순에 따라 써 보세요	交 交 交 交 交 交 (총6획)

交			
사귈 교			

· 外交(외교) : 외국과의 교제나 교섭, 또는 국가 상호 관계를 맺는 일.

기억나요? 8급 급수한자에서 배운 校(학교 교), 敎(가르칠 교)와 동음이의어예요.

14

구역 구 (匚부)

匚 + 品 = 區

여러 개의 그릇을 따로 나누어 갈라 놓은 모습을 본뜬 한자입니다.

제가 국회의원이 되면 우리 지역 구민(區民) 여러분을 위해서 몸바쳐 일하겠습니다!

약속을 잘 지키는 사람이어야 할 텐데…

멍! 멍! 멍!

필순에 따라 써 보세요 區 區 區 區 區 區 區 區 區 區 區 (총 11획)

區				
구역 구				

· 區廳(구청) : 구의 행정 사무를 맡아보는 관청.

동음이의어 球(공 구), 區(구역 구), 九(아홉 구), 口(입 구)

15

郡
고을 **군** (阝부)

$$君 + 阝 = 郡$$

발음을 결정한 임금 군(君)과 뜻을 결정한 고을 읍(阝:邑)이 합쳐진 한자입니다.

그래서 저도 지금 벼슬을 하나 봐요. 청소 반장! 멋지죠?

옛부터 우리 군(郡)에는 높은 벼슬을 지낸 분들이 많이 계시단다.

필순에 따라 써 보세요	郡 郡 郡 郡 君 君 君 郡 郡 郡 (총 10획)

郡

고을 군

· 郡守(군수) : 군(郡)의 행정 사무를 맡아보는 군청의 책임자.

기억나요? 郡(고을 군)과 뜻이 비슷한 한자로 7급 급수한자에서 배운 邑(고을 읍)이 있어요.

월 일 확인:

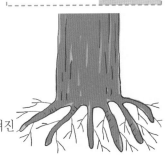

根
뿌리 **근** (木부)

木 + 艮 = 根

뜻을 결정한 나무 목(木)과 발음을 결정한 간(艮)이 합쳐진 한자입니다.

너 근채(根菜)의 뜻이 뭔지 아니?

너랑 비슷하게 생긴 감자처럼 뿌리를 먹는 채소를 말하는 거야.

난 산삼!

필순에 따라 써 보세요	根 根 根 根 根 根 根 根 根 根 (총10획)

根				
뿌리 근				

· **根本**(근본) : 사물이 생겨나는 데 바탕이 되는 것.

동음이의어 根(뿌리 근), 近(가까울 근)

17

1. 자신의 感(   )정에만 너무 빠져있는것 아냐?

2. 이번 축구 경기엔 너무 强(   )한 상대팀을 만났어.

3. 이 빌딩은 창문이 자동으로 開(   )폐 된다.

4. 옛날에는 서울로 上京(   )하는 일이 많았다.

5. 이 산은 너무 높아 무척 苦生(   )하면서 올라왔다.

6. 오래된 물건을 古物(   )이라고 한다.

7. 출근 시간대에 가장 붐비는 區間(   )이다.

8. 사람의 根(   )본이 중요하다.

9. 친구와의 交感(   )은 중요하다.

10. 우리 郡(   )에서 우리 동네의 사람 수가 제일 많다.

11. 사람의 감정을 담고 있는 한자는?

　　① 感　　　② 各　　　③ 名　　　④ 夕

12. '강하다' 는 뜻을 가진 한자는?

　　① 苦　　　② 强　　　③ 高　　　④ 開

13. '문' 과 관계된 한자는?

　　① 開　　　② 各　　　③ 角　　　④ 高

14. '경' 이라고 발음을 하는 한자는?

　　① 感　　　② 各　　　③ 角　　　④ 京

15. 맛과 관련된 한자는?

　　① 苦　　　② 計　　　③ 角　　　④ 界

16. 다음 한자 중 '나무 목' 이 들어있는 한자는?

　　① 多　　　② 今　　　③ 急　　　④ 根

17. '요즘' 이나 '최근' 의 뜻과 반대되는 한자는?

　　① 古　　　② 公　　　③ 功　　　④ 高

18. '발을 교차하여 앉은 모습' 을 본뜬 한자는?

　　① 古　　　② 球　　　③ 區　　　④ 交

19. '區' 의 발음은?

　　① 수　　　② 무　　　③ 구　　　④ 두

20. '고을' 이라는 의미의 한자는?

　　① 郡　　　② 代　　　③ 對　　　④ 古

1. 다음 漢字語(한자어)의 讀音(독음)을 쓰세요.

1) 各界 (　　　　)　　　11) 感動 (　　　　)

2) 夕食 (　　　　)　　　12) 强力 (　　　　)

3) 名分 (　　　　)　　　13) 開學 (　　　　)

4) 直角 (　　　　)　　　14) 上京 (　　　　)

5) 世界 (　　　　)　　　15) 苦生 (　　　　)

6) 計算 (　　　　)　　　16) 古代 (　　　　)

7) 高校 (　　　　)　　　17) 球根 (　　　　)

8) 公平 (　　　　)　　　18) 外交 (　　　　)

9) 共生 (　　　　)　　　19) 區民 (　　　　)

10) 電球 (　　　　)　　　20) 郡民 (　　　　)

2. 다음 밑줄 친 단어를 漢字(한자)로 쓰세요.

1) 벌써 내일이 개학이다. (　　　　　　　　)

2) 일본의 수도는 동경이다.(　　　　　　　　)

3) 그 친구와는 동고동락한 사이다.(　　　　　　　)

4) 반장 말에 충분히 공감한다.(　　　　　　　)

5) 대통령은 외교에도 뛰어나야 한다.(　　　　　　　)

6) 부러진 손잡이를 강력접착제로 붙였다.(　　　　　　)

3. 다음 訓(훈)과 音(음)에 알맞은 漢字(한자)를 보기에서 골라 번호를 쓰세요.

보기
① 感 ② 强 ③ 開 ④ 京 ⑤ 苦
⑥ 古 ⑦ 根 ⑧ 交 ⑨ 區 ⑩ 郡

1) 열 개   (   )

2) 느낄 감   (   )

3) 서울 경   (   )

4) 강할 강   (   )

5) 쓸 고   (   )

6) 뿌리 근   (   )

7) 구역 구   (   )

8) 옛 고   (   )

9) 사귈 교   (   )

10) 고을 군   (   )

4. 다음 漢字語(한자어)의 뜻을 쓰세요.

1) 交感 (   )

2) 開學 (   )

3) 强力 (   )

　　4) 外交 (　　　　　　　　　　　　)

　　5) 上京 (　　　　　　　　　　　　)

5. 다음 漢字(한자)와 음(음)이 같은 漢字(한자)를 고르세요.

　　1) 强 (　　　　　) 　①家　②安　③間　④江

　　2) 苦 (　　　　　) 　①高　②平　③工　④京

　　3) 敎 (　　　　　) 　①前　②交　③果　④方

　　4) 口 (　　　　　) 　①同　②正　③區　④郡

6. 다음 밑줄 친 말에 어울리는 漢字(한자)를 보기에서 골라 번호를 쓰세요.

보기　①感　②强　③開　④京　⑤苦
　　　⑥古　⑦根　⑧交　⑨區　⑩郡

　　1) 내가 문을 열고(　　　　　)들어갔다.

　　2) 서울(　　　　　)은 우리 나라의 수도이다.

　　3) 꽃을 보면 예쁘다는 느낌(　　　　　)을 누구나 가진다.

　　4) 몸에 좋은 약이 맛은 쓰다.(　　　　　)

　　5) 강한(　　　　　)것이 아름답다.

　　6) 옛날(　　　　　)부터 우리 나라는 예의가 바른 사람들이 사는 나라였다.

7) 나무는 뿌리(   )가 튼튼해야 한다.

8) 우리 구(   )에는 어린이 도서관이 있다.

9) 친구와 사귐(   )은 믿음으로 시작이 된다.

10) 우리 군(   )에는 다양한 토속 음식들이 있다.

7. 다음 ( )안에 들어갈 漢字(한자)를 〈보기〉에서 골라 번호를 쓰세요.

보기   ① 短   ② 少   ③ 秋   ④ 成   ⑤ 國

1) 大韓民(   ) : 우리나라의 이름

2) 春夏(   )冬 : 봄, 여름, 가을, 겨울

3) 門前(   )市 : 문 앞에 시장이 열림, 즉, 찾아오는 사람이 많음을
　　　　　　　　　　이르는 말

4) 一長一 (   ) : 장점인 면과 단점인 면을 통틀어 이름

5) 男女老 (   ) : 남자와 여자, 늙은이와 어린이. 즉, 모든 사람을 이름

8. 京(서울 경)을 쓰는 순서에 맞게 각 획에 번호를 쓰세요.

隔世之感 (격세지감)

많은 진보·변화를 겪어서 딴 세상처럼 여겨지는 느낌을 말합니다.

다녀왔습니다.

왔니? 네 방에 외사촌형 와 있다.

은호형! 언제 왔어?

응, 조금 전에.

이 게임 해 볼래? 이거 끝내주는 거다.

형, 요즘 애들은 이런 거 안 해.

그래? 너랑도 벌써 격세지감이 느껴지는구나.

❖ 隔:사이뜰 격, 世:세상 세, 之:갈 지, 感:느낄 감

 近 가까울 근

級 등급 급

 多 많을 다

 待 기다릴 대

 度 법도 도/잴 탁

 頭 머리 두

 例 법식 례/예

 禮 예도 례/예

 路 길 로

 綠 푸를 록/녹

재밌는 한자

近
가까울 **근** (辶부)

辶 + 斤 = 近

발음을 결정한 도끼 근(斤)과 뜻을 결정한 쉬엄쉬엄 걸을
착(辶)이 합쳐진 한자입니다.

헉헉헉.
근처(近處)에서
조금 쉬었다 가자.

이 정도로?

경보 선수라는 걸
깜박했군. 쯧쯧

필순에 따라 써 보세요	近 近 近 近 近 近 近 近 (총8획)		
近			
가까울 근			

· 最近(최근) : 현재를 기준한 앞뒤의 가까운 시기.

상대·반의어 近(가까울 근) ↔ 遠(멀 원)

級
등급 급 (糸부)

糸 + 及 = 級

발음을 결정한 미칠 급(及)과 실뭉치를 본뜬 실 사(糸)가 합쳐
진 한자입니다.

넌 몇 급(級)까지
땄어? 난 이번
6급 시험에
붙었는데‥

나도 6급이야.
그래서 파란띠
받았는걸.

아휴, 태권도 말고
한자 시험
말이야, 한자.

필순에 따라 써 보세요	級 級 級 級 級 級 級 級 級 級 (총 10획)

級

등급 급

· 學級(학급) : 한 자리에서 교육을 받도록 편성된 학생의
집단.

동음이의어 急(급할 급), 級(등급 급)

27

많을 다 (夕부)

夕 + 夕 = 多

두 개의 고기 육[月:육달 월]이 합쳐진 모양을 본뜬 한자입니다.

이렇게 많은 고양이들이 모두 어디 가는 거야?

오늘이 고양이 학교 입학식이거든. 간식도 다양(多樣)하대.

빨리 가자.

고양이 학교
축 입학

필순에 따라 써 보세요	多 多 多 多 多 多 (총 6획)				
多					
많을 다					

· 多讀(다독) : 책을 많이 읽음.

상대·반의어   多(많을 다) ↔ 少(적을 소)

待
기다릴 대 (彳부)

イ + 寺 = 待

다닐 행(行)의 반쪽인 척(彳)과 그칠 지(止)와 뜻이 통하는 절 사(寺)가 합쳐진 한자로 진행되던 것이 머물러 '기다리다' 는 뜻입니다.

이상해요. 아무리 기다려도 버스가 오지 않아요.

여긴 택시 정류장인데...

필순에 따라 써 보세요   待 待 待 行 待 待 待 待 待 (총 9획)

待			
기다릴 대			

· 待合室(대합실) : 정거장 등에 손님이 쉬며 기다릴 수 있도록 마련한 곳.

앗, 조심! 모양이 비슷한 한자로 持(가질 지), 侍(모실 시)가 있어요.

29

度
법도 **도**, 잴 **탁**(广부)

庶 + 又 = 度

발음을 결정한 서(庶)와 손으로 하나씩 센다는 뜻을 결정한
우(又)가 합쳐진 한자입니다.

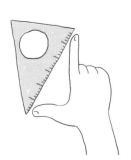

보일러 온도(溫度) 좀
올리고 올래?

너무 추운 것 같다.

전 더운데…

필순에 따라 써 보세요	度度度度度度度度度 (총 9획)

度
법도 도, 잴 탁

· 溫度(온도) : 덥고 찬 정도, 또는 그 도수.

동음이의어   道(길 도), 圖(그림 도), 度(법도 도)

30

頭
머리 두 (頁부)

豆 + 頁 = 頭

발음을 결정한 콩 두(豆)와 뜻을 결정한 머리 혈(頁)이 합쳐
진 한자입니다.

엄마, 애들이 내 머리가 크다고
대두(大頭)라고 막 놀려요.

그래? 그럼
머리 크기로는
너희 반에서 네가
선두(先頭) 겠네.
우리 아들 최고다!

필순에 따라 써 보세요	頭 頭 頭 頭 頭 頭 頭 頭 頭 頭 頭 頭 頭 頭 頭 頭 (총 16획)

頭				
머리 두				

· 先頭(선두) : 첫머리. 맨 앞.

例

법식 **례/예** (イ부)

イ + 列 = 例

사람 인(イ)과 발음을 결정한 줄 렬(列)이 합쳐진 한자입니다.

이 선에서 차례(次例)대로 기다리면 됩니다.

죄송합니다. 법칙을 잘 몰라서···

필순에 따라 써 보세요	例 例 例 例 例 例 例 例 (총8획)				
例					
법식 례/예					

· 事例(사례) : 실제로 있었던 일의 전례나 실례.

예도 **례/예** (示부)

示 + 豊 = 禮

신탁의 모습인 보일 시(示)와 그릇 위에 음식을 풍성하게 쌓아 놓은 모습을 본뜬 '豊'가 합쳐진 한자입니다.

안녕하세요?

그래. 오랜만이구나.
그런데 넌 왜 어른을 보고도
인사를 안하니?
예의(禮儀)가 없는 아이구나.

저···
죄송합니다.

필순에 따라 써 보세요

禮禮禮禮禮禮禮禮禮禮禮禮禮禮禮 (총 18획)

禮			
예도 례/예			

· 禮儀(예의) : 사회생활과 사람과의 관계에서, 공손하며
삼가는 말과 몸가짐.

동음이의어   例(법식 례), 禮(예도 례)

路
길 로 (족부)

足 + 各 = 路

출입구 바깥으로 한 사람씩 발을 디디고 나간다는 뜻에서 유래된 한자입니다.

도로(道路)가 둘로
나뉘어져 있네!
어느 길로 가야 하나?
그것이 문제로다.

문제는 무슨 문제!
엄마가 두부 사 오라고
하셨으니까 당연히
시장 쪽 길로 가야지.

필순에 따라 써 보세요   路 路 路 路 路 路 路 路 路 路 路 路 路 (총 13획)

路				
길 로				

· 道路(도로) : 사람이나 차들이 다니는 비교적 큰 길.

기억나요? '길'이라는 뜻을 가진 한자 기억나요?
바로 7급 급수한자에서 배운 道(길 도)가 있었죠?

綠
푸를 **록/녹** (糸부)

糸 + 彔 = 綠

뜻을 결정한 실 사(糸)와 뜻을 결정한 록(彔)이 합쳐진 한자입니다.

나무가 많으니까 온 산이 녹색(綠色)으로 보인다.

산불 난 거 아냐?
내 눈에는 온통 빨갛게 보이는데?

필순에 따라 써 보세요	綠 綠 綠 綠 綠 綠 綠 綠 綠 紵 紵 綠 綠 綠 (총 14획)

綠				
푸를 록/녹				

· 常綠樹(상록수) : 사철 내내 푸른 나무. 늘푸른나무.

1. 近來(   )에 보기 드문 사람이다.

2. 綠(   )색은 눈을 시원하게 한다.

3. 이번 한자 級數(   )시험에 꼭 합격할 것이다.

4. 多數(   )의 사람들이 한자 공부를 한다.

5. 서울 역 待(   )합실에서 만나자!

6. 안경 度數(   )가 꽤 높다.

7. 현재 우리나라가 先頭(   )이다.

8. 네가 생각하는 일에 관해 例(   )를 들어 설명해 봐라.

9. 항상 禮(   )를 갖추어서 행동해라.

10. 이 道路(   )로 가면 목적지가 나올 것입니다.

11. 색깔과 관련된 한자는?

① 綠　　　② 路　　　③ 禮　　　④ 聞

12. '근' 이라고 발음을 하는 한자는?

① 堂　　　② 短　　　③ 代　　　④ 近

13. '급' 이라고 발음을 하는 한자는?

① 根　　　② 今　　　③ 級　　　④ 多

14. '적다' 의 반대되는 뜻의 한자는?

① 郡　　　② 近　　　③ 多　　　④ 今

15. 다음 한자 중 두 개 이상의 발음이 나는 것끼리 짝지워진 것은?

① 童, 度　　② 樂, 度　　③ 度, 等　　④ 讀, 待

16. '머리' 의 뜻을 가진 한자는?

① 樂　　　② 對　　　③ 頭　　　④ 等

17. '度' 의 두 개의 발음으로 묶인 것은?

① 대, 독　　② 두, 탁　　③ 도, 탁　　④ 도, 택

18. '기다리다' 의 뜻을 가진 한자는?

① 樂　　　② 待　　　③ 頭　　　④ 讀

19. 사람으로서 당연히 갖추어야 할 것은?

① 禮　　　② 路　　　③ 線　　　④ 聞

20. 다음 한자 중 '발' 이 들어간 한자는?

① 利　　　② 路　　　③ 線　　　④ 光

1. 다음 漢字語(한자어)의 讀音(독음)을 쓰세요.

1) 急所 (　　　　　)　　　11) 綠色 (　　　　　)

2) 長短 (　　　　　)　　　12) 近海 (　　　　　)

3) 食堂 (　　　　　)　　　13) 級數 (　　　　　)

4) 世代 (　　　　　)　　　14) 多少 (　　　　　)

5) 對話 (　　　　　)　　　15) 下待 (　　　　　)

6) 圖面 (　　　　　)　　　16) 角度 (　　　　　)

7) 童心 (　　　　　)　　　17) 道路 (　　　　　)

8) 等數 (　　　　　)　　　18) 頭角 (　　　　　)

9) 天理 (　　　　　)　　　19) 事例 (　　　　　)

10) 有利 (　　　　　)　　　20) 答禮 (　　　　　)

2. 다음 밑줄 친 단어를 漢字(한자)로 쓰세요.

1) 나는 이번 급수 한자 시험에 합격했다. (　　　　　　　　)

2) 각도에 따라 다르게 보인다. (　　　　　　　)

3) 형은 다독을 하는 습관이 있다. (　　　　　　　)

4) 도로 가까이에서는 공놀이를 하면 안된다. (　　　　　　　　)

5) 제주도 근해에서 폭풍을 만났다. (　　　　　　　)

6) 그 선수는 이번 대회에서 두각을 나타내었다. (　　　　　　　　)

3. 다음 訓(훈)과 音(음)에 알맞은 漢字(한자)를 보기에서 골라 번호를
   쓰세요.

보기 ① 綠 ② 近 ③ 級 ④ 多 ⑤ 待
     ⑥ 度 ⑦ 頭 ⑧ 例 ⑨ 禮 ⑩ 路

   1) 많을 다   (   )
   2) 푸를 록, 녹 (   )
   3) 등급 급   (   )
   4) 가까울 근 (   )
   5) 법도 도   (   )
   6) 기다릴 대 (   )
   7) 법식 례   (   )
   8) 머리 두   (   )
   9) 길 로   (   )
   10) 예도 례   (   )

4. 다음 漢字語(한자어)의 뜻을 쓰세요.

1) 先頭 (　　　　　　　　　　)

2) 道路 (　　　　　　　　　　)

3) 學級 (　　　　　　　　　　)

4) 事例 (　　　　　　　　　　)

5) 多讀 (　　　　　　　　　　)

5. 다음 漢字(한자)의 相對(상대) 또는 反對(반대)되는 한자를 쓰세요.

1) 古 (　　　　)　①家　②安　③間　④今

2) 强 (　　　　)　①弱　②平　③工　④京

3) 多 (　　　　)　①小　②少　③果　④方

4) 問 (　　　　)　①同　②正　③答　④郡

6. 다음 밑줄 친 말에 어울리는 한자를 보기에서 골라 번호를 쓰세요.

보기	① 綠	② 近	③ 級	④ 多	⑤ 待
	⑥ 度	⑦ 頭	⑧ 例	⑨ 禮	⑩ 路

1) 이 사람이 나와 가장 가까운(　　　　　) 사람이다.

2) 강물 색이 초록(　　　　　)으로 보인다.

3) 생각보다 노력을 많이(   ) 해야 한다.

4) 등급(   )을 하나씩 매겨야 한다.

5) 기다리는(   ) 사람을 생각해서 빨리 와.

6) 머리(   )가 너무 아프다.

7) 예(   )를 들어 말해 봐라.

8) 법도(   )가 생각만큼 그리 어려운 것이 아니다.

9) 이 길(   )로 가면 바로 우리 집이 나온다.

10) 예의(   )에 맞는 행동이 아름답다.

7. 다음 漢字(한자)와 음(음)이 같은 漢字(한자)를 고르세요.

1) 根 (   )   ① 近   ② 開   ③ 感   ④ 交

2) 例 (   )   ① 禮   ② 讀   ③ 對   ④ 夕

3) 冬 (   )   ① 語   ② 世   ③ 童   ④ 代

4) 大 (   )   ① 工   ② 對   ③ 立   ④ 全

5) 球 (   )   ① 同   ② 功   ③ 果   ④ 口

8. 度(법도 도)를 쓰는 순서에 맞게 각 획에 번호를 쓰세요.

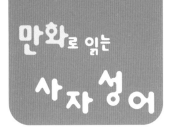

만화로 읽는 사자성어

多情多感 (다정다감)

정이 많고 감수성이 예민하여 감동하기 쉬운 성품을 말합니다.

참 다정다감해 보이고 좋구만.

언제 봐도 보기 좋아.

제 새끼들도 잘 챙기고 말이야.

야옹~

행복하게 잘 살거라.

크~

❖ 多:많을 다, 情:뜻 정, 多:많을 다, 感:느낄 감

李 오얏 리/이

 目 눈 목

 米 쌀 미

 美 아름다울 미

朴氏
金氏
李氏 朴 성 박

 番 차례 번

 別 다를 별

 病 병 병

 服 옷 복

 本 근본 본

오얏 **리/이** (木부)

木 + 子 = 李

나무 목(木)과 열매라는 뜻의 아들 자(子)가 합쳐진 한자입니다.

너는 이름이 이성진이니까 성이 이씨(李氏)!

너는 이름이 정우성이니까 성이 정씨(鄭氏)!

나는 강씨!

필순에 따라 써 보세요	李 李 李 李 李 李 李 (총7획)			
李				
오얏 리/이				

· 李氏(이씨) : 성씨(姓氏) 중의 하나.

44

6급 급수한자

눈 목 (目부)

눈동자의 모양을 본뜬 한자입니다.

눈을 보면 그 사람의 마음을 알 수 있대. 형, 눈 좀 보여 줘.

오늘 절대로 나 혼자 피자 안 먹었어. 정말이야.

킥킥, 물어본 목적(目的)이 있었군.

필순에 따라 써 보세요	目 目 目 目 目 (총 5획)

目

눈 목

· 題目(제목) : 책이나 문학 작품 등에서 그것의 내용을 보이거나 대표하는 이름.

기억나요? 目(눈 목)이 들어 있는 한자로 直(곧을 직)이 있었죠?

米

쌀 미 (米부)

十 ▸ 米 ▸ 米

여러 개의 쌀알이 흩어져 있는 모습을 본뜬 한자입니다.

놀부 형님!
미음(米飮)이라도
끓이게 쌀 한 줌만
주세요.

너 줄 쌀이 어딨냐?
어서 썩 꺼지거라!

오늘 쌀밥
먹었는데…

필순에 따라 써 보세요   米 米 米 米 米 米 (총6획)

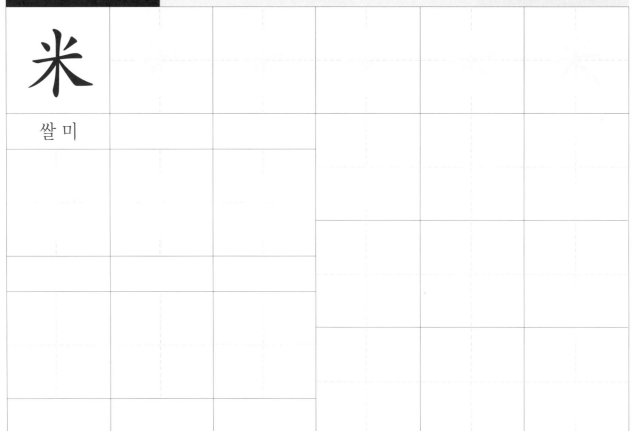

米

쌀 미

· 米飮(미음) : 쌀이나 좁쌀을 푹 끓여 체에 밭인 음식.

美
아름다울 **미** (羊부)

사람이 서 있는 모습인 큰 대(大)와 머리 위의 장식물 모양인
양 양(羊)이 합쳐진 한자입니다.

'미인(美人)'이란 말은
나를 위해 생긴 것 같아.

아휴, 저 공주병엔
약도 없다니까.

필순에 따라 써 보세요	美 美 美 美 美 美 美 美 美 (총 9획)

美					
아름다울 미					

· 美人(미인) : 아름다운 사람.

동음이의어 米(쌀 미)

47

월   일 확인:

성 **박** (木부)

$$木 + 卜 = 朴$$

뜻을 결정한 나무 목(木)과 발음을 결정한 점 복(卜)이 합쳐
진 한자입니다.

朴氏
金氏
李氏

박철수!
너 또 지각했구나.

같은 박씨(朴氏)끼리
한번만 봐 주라.
헤헤헤.

필순에 따라 써 보세요	朴 朴 朴 朴 朴 朴 (총6획)		
朴	朴	朴	朴 朴
성 박			

· 朴氏(박씨) : 성이 박가인 사람.

재밌는 한자 '朴(성 박)'은 성(姓)이라는 뜻 외에 '질박하다' 라는 뜻이
있어요.

6급 급수한자

월 일 확인:

番 차례 번 (田부)

밭 위에 차례로 나 있는 짐승 발자국의 모양을 본뜬 한자입니다.

선생님이 번호(番號)를 부르면 차례대로 나와야 한다. 1번, 2번,… 5번! 5번!

1, 2, 3, 4, 5!

선생님! 5번 꿈나라 갔어요.

필순에 따라 써 보세요 番番番番番番番番番番番番 (총12획)

番

차례 번

· 番號(번호) : 차례를 나타내는 호수.

49

別
다를 **별** (刂부)

骨 + 刂 = 別

칼(刂)로 뼈(冎)를 나눈다는 뜻에서 유래된 한자입니다.

똑같이 생겨서 구별(區別)할 수가 없네.

잘 봐. 형처럼 왕자병이 있어서 항상 목을 쭉 빼고 걸어다니는 쪽이 바로 형 거야.

필순에 따라 써 보세요	別 別 別 別 別 別 別 (총 7획)			
別				
다를 별				

· 區別(구별) : 종류에 따라 갈라 놓음.

재밌는 한자 칼(刂)로 옥을 나누는 班(나눌 반), 칼(刂)로 뼈를 나누는 別(다를 별)!

6급 급수한자

病
병 병 (疒부)

疒 + 丙 = 病

사람이 침대에 누워 있는 모습인 병들 녁(疒)과 발음을 결정한 남녁 병(丙)이 합쳐진 한자입니다.

○△병원

아, 아니에요. 그냥 집에서 좀 누워있으면 괜찮을 것 같은데…

아파서 학원에 못 갈 정도면 엄마랑 병원(病院)에 가자.

난 알지롱! 오늘 숙제 하기 싫어서 꾀병 부리는 거…

필순에 따라 써 보세요	病病病病病病病病病病 (총 10획)

病
병 병

· 病院(병원) : 병자나 부상자를 진찰하고 치료하는 곳.
· 疾病(질병) : 몸의 온갖 기능 장애로 말미암은 병.

服

옷 복 (月부)

月 + 艮 = 服

꿇어 앉은 사람을 복종시킨다는 뜻에서 유래된 한자입니다.

난 비행기 조종사 아저씨들 옷이 제일 멋있는 것 같아.

난 해군 아저씨들이 입는 군복(軍服)이 최고로 멋져 보여.

난 빵집 아저씨 옷이 짱이야!

필순에 따라 써 보세요	服 服 服 服 服 服 服 服 (총 8획)

服				
옷 복				

· 洋服(양복) : 서양식의 옷.

52

근본 **본** (木부)

木 + 一 = 本

나무 목(木)과 나무 뿌리를 나타내는 일(一)이 합쳐진 한자입니다.

그래. 그런데 이렇게 빨간색 물에 담궈 뒀더니 빨간 꽃이 됐어.

본래(本來) 그 꽃의 색깔이 하얀색이라고?

나도 하얀색 물에 목욕을 하면…

필순에 따라 써 보세요	本 本 木 木 本 (총5획)			
本				
근본 본				

· 本土(본토) : 1.그 나라의 주된 국토를 가리키는 말.
　　　　　　　 2.식민지에 대하여 그 보호국을 가리키는 말.

재밌는 한자 本(근본 본), 木(나무 목), 末(끝 말) 모두 비슷하게 생겼죠? 하지만 뜻은 모두 다르답니다.

1. 白米(   )는 잡곡보다 영양소가 적다

2. 내 성은 李(   )씨, 네 성은 박씨.

3. 나를 찾아온 目(   )적부터 밝혀라.

4. 美(   )의 조건은 외적인 것만이 아니다.

5. 저 사람은 아주 순朴(   )한 사람이다.

6. 番(   )호대로 차례로 줄을 섰다.

7. 이別(   ) 한다고 너무 슬퍼하지는 마!

8. 病(   )든 사람이 한 둘이 아니다.

9. 의服(   )은 단정히!

10. 사람은 本來(   ) 착하게 태어나는가?

11. 우리가 매일 먹는 밥을 짓는 재료는?

　① 聞　　　② 門　　　③ 米　　　④ 等

12. 눈과 관련이 있는 한자는?

　① 明　　　② 路　　　③ 目　　　④ 聞

13. 나무와 관련이 있는 한자는?

　① 李　　　② 病　　　③ 服　　　④ 番

14. '추함'과 반대되는 한자는?

　① 美　　　② 木　　　③ 反　　　④ 半

15. 사람의 성과 관련이 있는 한자는?

　① 發　　　② 朴　　　③ 別　　　④ 病

16. 칼이 들어 있는 한자는?

　① 反　　　② 朴　　　③ 別　　　④ 病

17. 침대에 누워 있는 사람의 모습을 본떠 '아프다'는 뜻을 가진 한자는?

　① 美　　　② 發　　　③ 別　　　④ 病

18. '밭 전'이 들어 있는 한자는?

　① 半　　　② 朴　　　③ 番　　　④ 李

19. '옷'과 관련된 한자는?

　① 服　　　② 目　　　③ 綠　　　④ 聞

20. '나무 목'이 숨어 있는 한자는?

　① 服　　　② 本　　　③ 部　　　④ 分

1. 다음 漢字語(한자어)의 讀音(독음)을 쓰세요.

1) 明月 (　　　　　)
2) 新聞 (　　　　　)
3) 日記 (　　　　　)
4) 公平 (　　　　　)
5) 孝子 (　　　　　)
6) 電話 (　　　　　)
7) 有名 (　　　　　)
8) 活氣 (　　　　　)
9) 對話 (　　　　　)
10) 左右 (　　　　　)

11) 白米 (　　　　　)
12) 科目 (　　　　　)
13) 美術 (　　　　　)
14) 朴　 (　　　　　)
15) 李　 (　　　　　)
16) 番地 (　　　　　)
17) 別名 (　　　　　)
18) 病室 (　　　　　)
19) 韓服 (　　　　　)
20) 本來 (　　　　　)

2. 다음 밑줄 친 단어를 漢字(한자)로 쓰세요.

1) 너는 무슨 과목을 제일 좋아하니? (　　　　　　)

2) 우리 반에서 이씨가 가장 많다. (　　　　　　)

3) 뒷산이 온통 녹색이다. (　　　　　　)

4) 나는 미술 시간이 가장 즐겁다. (　　　　　　)

5) 적당한 운동은 삶에 활력을 준다. (　　　　　　)

6) 그는 <u>유명</u>한 운동선수이다.(   )

3. 다음 訓(훈)과 흡(음)에 알맞은 漢字(한자)를 보기에서 골라 번호를 쓰세요.

보기   ①米   ②李   ③目   ④美   ⑤朴
       ⑥番   ⑦別   ⑧病   ⑨服   ⑩本

1) 차례 번   (   )

2) 근본 본   (   )

3) 병 병   (   )

4) 아름다울 미 (   )

5) 다를 별   (   )

6) 옷 복   (   )

7) 눈 목   (   )

8) 성 박   (   )

9) 쌀 미   (   )

10) 오얏 리, 이 (   )

4. 다음 漢字語(한자어)의 뜻을 쓰세요.

　　1) 區別 (　　　　　　　　　　)

　　2) 別名 (　　　　　　　　　　)

　　3) 韓服 (　　　　　　　　　　)

5. 다음 漢字(한자)와 음(음)이 같은 漢字(한자)를 고르세요.

　　1) 木 (　　　　) 　①目　②日　③兄　④形

　　2) 米 (　　　　) 　①理　②分　③美　④里

　　3) 急 (　　　　) 　①前　②級　③果　④科

6. 다음 밑줄 친 말과 뜻이 통하는 漢字(한자)를 보기에서 골라 번호를 쓰세요.

　　보기
　　①米　　②李　　③目　　④美　　⑤朴
　　⑥番　　⑦別　　⑧病　　⑨服　　⑩本

　　1) 눈(　　　　)을 크게 뜨고 이곳을 봐라.

　　2) 우리 엄마가 세상에서 가장 예쁘다(　　　　).

3) 이별(   )은 누구에게나 슬픈 것이다.

4) 내가 우리 반에서 번호가 가장 빠른 1번(   )이다.

5) 할머니께서 병(   )이 들어 병원에 입원하셨다.

6) 오얏(   )은 맛있는 과일이다.

7) 옷(   )을 너무 얇게 입은 거 아니니?

8) 쌀(   )은 우리의 주식이다.

9) 근본(   )이 나쁜 사람은 아니다.

10) 이 동네에는 박(   )씨가 많이 산다.

7. 다음 漢子와 뜻이 비슷한 漢字를 골라 번호를 쓰세요.

1) 分 (   ) ① 班 ② 反 ③ 男 ④ 南

2) 家 (   ) ① 土 ② 地 ③ 天 ④ 堂

3) 里 (   ) ① 理 ② 村 ③ 敎 ④ 校

4) 算 (   ) ① 分 ② 計 ③ 住 ④ 注

5) 身 (   ) ① 發 ② 堂 ③ 體 ④ 新

8. 本(근본 본)을 쓰는 순서에 맞게
각 획에 번호를 쓰세요.

雪上加霜 (설상가상)

눈 위에 또 서리가 덮인 격이라는 뜻으로 '어려운 일이 연거푸 일어남'을 비유하여 이르는 말입니다.

여보, 다녀왔소.

아니, 왜 이렇게 젖었어요?

전철역에서 나오는데 사무실에서 가져온 우산이 망가진 거 더라구.

아빠, 여기 수건이요.

그래서 빠른 걸음으로 걷는데…

완전히 설상가상이었네.

그렇지.

❖ 雪:눈 설, 上:윗 상, 加:더할 가, 霜:서리 상

使 부릴 사

 死 죽을 사

 石 돌 석

 席 자리 석

 速 빠를 속

 孫 손자 손

 樹 나무 수

 習 익힐 습

 勝 이길 승

 式 법 식

使

부릴 사 (亻/人부)

亻 + 吏 = 使

사람 인(亻)과 아전 리(吏)가 합쳐진 한자입니다.

전하, 이번에 명나라로 갈 사신(使臣)과 목수들이옵니다.

그래. 명나라 공사에 부릴 사람을 우리 나라에서 데려가다니…

마음이 아프다. 흑흑흑.

필순에 따라 써 보세요	使 使 使 使 使 使 使 使 (총 8획)

使					
부릴 사					

· 使用(사용) : 사람이나 물건 등을 쓰거나 부림.

死
죽을 **사** (匕부)

歹 + 匕 = 死

뼈의 모습을 본뜬 알(歹)과 슬퍼하는 모습인 비(匕)가 합쳐진
한자입니다.

우리 집 고양이가
죽었어. 흑흑.

정말? 너무 슬퍼하지 마.
내가 우리 집 강아지 줄게.

우리 주인 맞아?

필순에 따라 써 보세요	死死死死死死 (총6획)			
死	死	死	死	死
죽을 사				

· 九死一生(구사일생) : 여러 차례 죽을 고비를 겪고 겨우
살아남.

상대·반의어 死(죽을 사) ↔ 活(살 활), 生(날 생)

월 일 확인:

돌 석 (石부)

厂 + 口 = 石

언덕의 모습을 본뜬 엄(厂)과 바위의 모습을 본뜬 구(口)가
합쳐진 한자입니다.

와, 돌로 만든 석상(石像)이네.

멋지다. 누구 머리랑
꼭 닮았네! 킥킥킥.

필순에 따라 써 보세요 石 石 石 石 石 (총5획)

石

돌 석

· 碑石(비석) : 어떤 인물이나 공적을 기념하기 위하여 돌에
글자를 새겨서 세워 놓은 물건.

앗, 조심! 잘못 쓰면 오른 우(右)가 되니 조심해야 되요.

6급 급수한자

席
자리 석 (广부)

庶 + 巾 = 席

원래 지붕 모양을 본뜬 엄(广)과 자리 모양을 본뜬 목(目)의 모습이었는데 건(巾)이 붙어 '자리'를 뜻하게 되었습니다.

빈 좌석(坐席) 없나?

할아버지, 할머니가 타시면 자리를 양보해야 하는 거죠?

물론이지. 그, 그런데 갑자기 왜 이렇게 졸리냐. 아~함.

필순에 따라 써 보세요   席 席 广 庐 庐 庐 席 席 席 席 (총10획)

席				
자리 석				

· 座席(좌석) : 1.앉는 자리. 2.여러 사람이 모인 자리.

동음이의어   夕(저녁 석), 石(돌 석)

速
빠를 속(辶부)

辶 + 束 = 速

뜻을 결정한 착(辶)과 발음을 결정한 묶을 속(束)이 합쳐진 한자입니다.

고속열차 타 봤니?
속도(速度)가 정말 빠르더라.

아무리 빨라도 네가 아이스크림 먹어치우는 속도보다 빠르겠니?

필순에 따라 써 보세요 速 速 速 束 束 束 束 速 速 速 (총11획)

速				
빠를 속				

· 速度(속도) : 빠르기.
66 · 高速(고속) : 아주 빠른 속도.

孫
손자 손 (子부)

子 + 系 = 孫

아들 자(子)와 자식에 자식을 잇는다는 뜻을 결정한 계통 계(系)가 합쳐진 한자입니다.

우리 할아버지는 손자(孫子)가 많으셔서 좋으시대.

아무리 그래도 손자들이 모여 축구팀을 만들 정도면 너무 많지 않나?

우리는 겨우 농구팀인데…

필순에 따라 써 보세요	孫 孑 孫 孫 孫 孫 孫 孫 孫 孫 (총 10획)

孫				
손자 손				

· 孫子(손자) : 아들 또는 딸의 아들.

상대·반의어 孫(손자 손) ↔ 祖(할아버지 조)

월   일 확인:

木 + 尌 = 樹

뜻을 결정한 나무 목(木)과 발음을 결정한 주(尌)가 합쳐
진 한자입니다.

나무 **수** (木부)

수목(樹木)이 우거져서
공기도 맑고, 너무 좋다.

공기가 맑아서 좋은 게 아니라
쉬 할 때가 많아서 좋은 거 아냐?

필순에 따라 써 보세요

樹 樹 樹 樹 樹 樹 樹 樹 樹 樹 樹 樹 樹 樹 樹 樹 (총16획)

樹				
나무 수				

· 植樹(식수) : 나무를 심음.

동음이의어 水(물 수), 手(손 수), 數(셀 수)

習
익힐 **습** (羽부)

羽 + 白 = 習

태양[白] 아래에서 새가 날개짓[羽]을 익힌다는 뜻에서 유래된 한자입니다.

열심히 연습(練習)했으니까 이번에는 꼭 성공하겠지?

그럼, 보조바퀴까지 있는 자전건데 설마 또 넘어지겠니?

필순에 따라 써 보세요	習 習 習 習 習 習 習 習 習 習 習 (총 11획)

習
익힐 습

· 練習(연습) : 학문이나 기예 따위를 되풀이하여 익힘.

재밌는 한자 뜻이 비슷한 한자로는 배울 학(學)! 기억나죠?

69

勝
이길 승 (力부)

朕 + 力 = 勝

두 손으로 배를 끌어올린다는 뜻의 나 짐(朕)과 그 의미를
강조하기 위해 힘 력(力)을 합친 한자입니다.

엄마, 우리 팀이
저 때문에 승리(勝利)
했어요.

축하한다. 그런데
우유 먹기 대회니,
빵 먹기 대회니?

필순에 따라 써 보세요	勝 丿 朋 月 月 肝 胖 胖 朕 朕 勝 勝 (총 12획)

勝			
이길 승			

· 勝利(승리) : 겨루거나 싸워서 이김.
· 百戰百勝(백전백승) : 싸울 때마다 번번이 다 이김.

6급 급수한자

式

법 식 (弋부)

工 + 弋 = 式

뜻을 결정한 장인 공(工)과 발음을 결정한 익(弋)이 합쳐진 한자입니다.

오늘 이모 결혼식이니까 식장(式場)에 가서 얌전해야 한다.

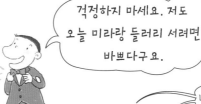

걱정하지 마세요. 저도 오늘 미라랑 들러리 서려면 바쁘다구요.

나두, 나두.

필순에 따라 써 보세요   式 式 式 式 式 式 (총6획)

式

법 식

· 禮式(예식) : 예법에 따른 의식.

재밌는 한자   '법 식(式)'과 '법식 례(例)'! 뜻이 똑같은 한자예요.

1. 옛날에는 使(   )신들이 외교관 역할을 했다.

2. 사람의 生死(   )는 하늘에 달려있다.

3. 石(   )기 시대에는 사냥 도구가 돌이었다.

4. 모든 좌席(   )에 번호가 써 있다.

5. 이 자동차는 速度(   )가 굉장히 빠르다.

6. 나는 할머니의 孫子(   )이다.

7. 식목일 날 기념 植樹(   )를 하였다.

8. 좋은 習(   )관을 적극 살리자!

9. 勝(   )리는 우리의 것.

10. 이 일은 우리 式(   )으로 처리해야 할 문제이다.

11. '살다' 는 뜻의 반대 한자는?

    ① 書　　　　② 死　　　　③ 部　　　　④ 石

12. 발음이 '사' 인 것으로 묶여진 한자는?

    ① 使, 死　　　② 席, 石　　　③ 部, 席　　　④ 石, 分

13. 언덕 아래 돌의 모양을 본뜬 한자는?

    ① 使　　　　② 席　　　　③ 部　　　　④ 石

14. '자리' 의 뜻을 가진 한자는?

    ① 使　　　　② 席　　　　③ 部　　　　④ 石

15. '느리다' 는 뜻의 반대자는?

    ① 速　　　　② 習　　　　③ 雪　　　　④ 成

16. 아들의 아들은?

    ① 省　　　　② 線　　　　③ 雪　　　　④ 孫

17. '나무 목' 이 숨어 있는 한자는?

    ① 習　　　　② 樹　　　　③ 速　　　　④ 線

18. '깃 우' 가 숨어 있는 한자는?

    ① 習　　　　② 線　　　　③ 雪　　　　④ 成

19. '힘 력' 이 숨어 있는 한자는?

    ① 勝　　　　② 始　　　　③ .式　　　　④ 信

20. '武' 와 가장 비슷한 모양의 한자는?

    ① 對　　　　② 信　　　　③ 式　　　　④ 野

1. 다음 漢字(한자)의 訓(훈)과 音(음)을 쓰세요.

1) 速 (　　　　　)

2) 習 (　　　　　)

3) 石 (　　　　　)

4) 式 (　　　　　)

5) 孫 (　　　　　)

6) 樹 (　　　　　)

7) 死 (　　　　　)

8) 使 (　　　　　)

9) 勝 (　　　　　)

10) 席 (　　　　　)

2. 다음 漢字語(한자어)의 讀音(독음)을 쓰세요.

1) 公式 (　　　　) 　　　　 7) 樹木 (　　　　)

2) 使命 (　　　　) 　　　　 8) 習字 (　　　　)

3) 生死 (　　　　) 　　　　 9) 速力 (　　　　)

4) 石工 (　　　　) 　　　　 10) 勝戰 (　　　　)

5) 立席 (　　　　)

6) 孫女 (　　　　)

3. 다음 밑줄 친 말과 뜻이 통하는 한자를 보기에서 골라 번호를 쓰세요.

보기 ① 使 ② 死 ③ 石 ④ 席 ⑤ 速
⑥ 孫 ⑦ 樹 ⑧ 習 ⑨ 勝 ⑩ 式

1) 빨리(   ) 하는 것이 중요한 것이 아니다.

2) 새로 생긴 공원에는 신기한 나무 (   )가 많다.

3) 학습(   )의 효과가 그리 크지 않다.

4) 너무 심부름을 시키는(   )거 아니에요?

5) 노인들과 몸이 약한 분들을 위한 자리(   )가 따로 있다.

6) 이 돌(   )은 정말 예쁘지 않니?

7) 죽느냐(   ) 사는냐 그것이 문제로다.

8) 모두 네 식(   )대로 결정하면 곤란하다.

9) 우리 형은 우리 집안의 장손(   )이다.

10) 승리(   )는 우리의 것.

4. 다음 물음에 어울리는 漢字(한자)를 보기에서 고르세요.

보기 ① 使 ② 死 ③ 石 ④ 席 ⑤ 速
⑥ 孫 ⑦ 樹 ⑧ 習 ⑨ 勝 ⑩ 式

1) '석'이라고 발음을 하고 '돌'의 뜻을 가진 한자는?

2) '사'라고 발음을 하고 '죽다'의 뜻을 가진 한자는?

3) '습'이라고 발음을 하고 '익히다'의 뜻을 가진 한자는?

4) '손'이라고 발음을 하고 '손자'의 뜻을 가진 한자는?

5) '속'이라고 발음을 하고 '빠르다'의 뜻을 가진 한자는?

6) '승'이라고 발음을 하고 '이기다'의 뜻을 가진 한자는?

7) '식'이라고 발음을 하고 '법'의 뜻을 가진 한자는?

8) '사'라고 발음을 하고 '부리다'의 뜻을 가진 한자는?

9) '석'이라고 발음을 하고 '자리'의 뜻을 가진 한자는?

10) '수'라고 발음을 하고 '나무'의 뜻을 가진 한자는?

5. 다음 漢字語(한자어)의 뜻을 쓰세요.

1) 速度 (　　　　　　　　　　　)

2) 孫子 (　　　　　　　　　　　)

3) 植樹 (　　　　　　　　　　　)

4) 勝利 (　　　　　　　　　　　)

5) 使用 (　　　　　　　　　　　)

6. 다음 漢字(한자)와 흡(음)이 같은 漢字(한자)를 고르세요.

1) 社 (　　　　　)　①書　②分　③石　④死

2) 手 (　　　　) ① 草 ② 樹 ③ 林 ④ 木

3) 石 (　　　　) ① 成 ② 省 ③ 消 ④ 席

4) 式 (　　　　) ① 色 ② 樹 ③ 植 ④ 度

5) 使 (　　　　) ① 事 ② 席 ③ 度 ④ 石

7. 다음 (　)안에 들어갈 漢字(한자)를 〈보기〉에서 골라 번호를 쓰세요.

> 보기
>
> ① 古 ② 勝 ③ 苦 ④ 石 ⑤ 死

1) 同(　　　)同樂 : 즐거울 때나 괴로울 때나 함께 함

2) 東西(　　　)今 : 동양이나 서양의 예나 지금. 즉, 모든 시대와 장소를 아울러 말함

3) 電光(　　　)火 : 번개가 칠 때의 번쩍이는 빛, 즉, 매우 짧은 시간이나 매우 빠름을 말함

4) 百戰百(　　　) : 싸울 때마다 번번이 다 이김.

5) 九(　　　)一生 : 죽을 일을 당하였다가 간신히 살아남

8. 死(죽을 사)를 쓰는 순서에 맞게 각 획에 번호를 쓰세요.

百戰百勝 (백전백승)

백 번 싸워 백 번 모두 이긴다는 말로 싸울 때마다 번번이 이기는
것을 뜻합니다.

❖ 百:일백 백, 戰:싸움 전, 百:일백 백, 勝:이길 승

失
잃을 실

愛
사랑 애

野
들 야

夜
밤 야

洋
큰바다 양

陽
볕 양

言
말씀 언

英
꽃부리 영

永
길 영

溫
따뜻할 온

잃을 실 (大부)

손 수(手)와 어떤 물건의 모양을 본뜬 주(丶)가 합쳐져 손에서 물건이 빠져나간다는 뜻의 한자입니다.

안경을 또 잃어버렸네. 왜 이렇게 똑같은 실수(失手)를 하지?

엄마, 머리 위에 있는 건 뭐예요? 제 생각엔 안경 같은데…

필순에 따라 써 보세요	失 失 失 失 失 (총5획)

失				
잃을 실				

· 失職(실직) : 직업을 잃음.

· 失手(실수) : 부주의로 잘못을 저지름, 또는 그 잘못.

기억나요? 8급 급수한자에서 배운 집 실(室)과 동음이의어예요.

월   일   확인:

愛
사랑 애 (心부)

爫(受)＋心＋夂 ＝ 愛

무릎을 꿇고 사랑을 구하는 모습을 나타낸 한자입니다.

아빠, 사랑해요!

엄마, 사랑해요!

필순에 따라 써 보세요	愛 愛 愛 愛 愛 愛 愛 愛 愛 愛 愛 愛 愛 (총13획)

愛				
사랑 애				

· 愛國(애국) : 자기 나라를 사랑함.
· 愛情(애정) : 사랑하고 귀여워하는 마음.

野
들 야 (里부)

里 + 予 = 野

밭[田]이 있는 들[土]과 발음을 결정한 줄 여(予)가 합쳐진 한자입니다.

넓은 들판으로 나오니까 기분이 좋지?

그럼요, 드디어 제 야구(野球) 실력을 보여 드릴 기회가 왔는데요.

유리창 깨는 실력이 아니고? 킥킥.

필순에 따라 써 보세요   野 野 野 野 野 野 野 野 野 野 野 (총 11획)

野

들 야

· 野山(야산) : 들 근처에 있는 나지막한 산.

· 野球(야구) : 각각 아홉 명 이루어진 두 팀이 경기장에서 아홉 차례씩 공격과 방어를 거듭하여 득점을 겨루는 경기.

동음이의어   夜(밤 야)

6급 급수한자

夜 밤 야 (夕부)

亦 + 夕 = 夜

사람이 팔을 벌리고 있는 모습인 역(亦)과 달 월(月)과
어원이 같은 저녁 석(夕)이 합쳐진 한자입니다.

한여름에 왜 그렇게
덜덜 떨어?

야경(夜景)은 멋있는데
밤이라서 좀 춥네.

추워서가 아니고
무서워서겠지.

필순에 따라 써 보세요   夜夜夜夜夜夜夜夜 (총8획)

夜

밤 야

· 夜間(야간) : 밤사이. 밤 동안.

상대·반의어   夜(밤 야) ↔ 晝(낮 주)

83

洋

큰바다 양 (氵/水부)

氵 + 羊 = 洋

뜻을 결정한 물 수(氵)와 발음을 결정한 양 양(羊)이 합쳐
진 한자입니다.

우리 현이는 한식보다
양식(洋食)을 더
좋아하는구나.

부전자전이죠, 뭐.

아빠, 오늘 제 생일
이니까 돈가스 사 주세요.

필순에 따라 써 보세요   洋洋洋洋洋洋洋洋洋 (총 9획)

洋				
큰바다 양				

· 西洋(서양) : 동양에서, 유럽과 미주(美洲)의 여러 나라를 이
르는 말.

기억나요? '바다'의 뜻을 가진 한자가 있었죠? 바로 '海(바다 해)'!

陽

볕 양 (阝부)

阝 + 昜 = 陽

언덕 위로 태양이 높이 떠 있는 모습을 본뜬 한자입니다.

햇볕이 쨍쨍 내리쬘 때 쓰는 건 양산(陽傘)!

비오는 날 쓰는건 우산(雨傘)!

필순에 따라 써 보세요	陽 陽 陽 陽 陽 陽 陽 陽 陽 陽 陽 陽 (총 12획)

陽				
볕 양				

· 夕陽(석양) : 저녁 해.
· 陽地(양지) : 볕이 바로 드는 곳.

동음이의어 洋(큰바다 양)

85

言
말씀 언 (言부)

혓바닥 모습을 본뜬 신(辛)과 입의 모양인 구(口)가 합쳐
진 한자로 사람의 말하는 모습에서 유래된 한자입니다.

오늘 조회 시간에 교장 선생님 말씀이
너무 길어서 나중에는 졸리더라.

나는 아예 잤는데… 꿈속에서
교장선생님이 나타나서 언행(言行)을
바르게 하라고 말씀하시는 거 있지.

필순에 따라 써 보세요	言 言 言 言 言 言 言 (총7획)

言				
말씀 언				

· 言行(언행) : 말과 행동.

재밌는 한자 語(말씀 어), 話(말씀 화). 모두 '言' 이 들어 있는 같은 뜻
의 한자예요.

월   일 확인:

英
꽃부리 영 (++부)

++ + 央 = 英

뜻을 결정한 초두(++)와 발음을 결정한 가운데 앙(央)이 합쳐진 한자입니다.

영국(英國)에 사는 사촌들이 왔는데 정말 영어 잘 하더라.

어쩌냐, 넌 영어의 '영'자도 모르니. 참, '으~흠!'은 아주 잘 하지. 킥킥킥.

| **필순에 따라 써 보세요** | 英 英 英 英 英 英 英 英 英 (총 9획) |

英				
꽃부리 영				

· 英才(영재) : 뛰어난 재능이나 지능,또는 그런 지능을 가진 사람.

동음이의어 永(길 영)

87

월   일   확인:

永
길 **영** (水부)

丶 + 水 = 永

물의 발원지를 뜻하는 주(丶)와 물이 흐르는 모습인 물 수 (水)가 합쳐진 한자입니다.

세상에 영원(永遠)히 사는 건 없겠지? 혹시 모르지 어쩌구 저쩌구 주절주절…

왜 없겠니? 아마 네 입은 영원히 살아 있을 거다.

오늘은 또 언제 끝나려나?

필순에 따라 써 보세요	永 永 永 永 永 (총 5획)

永

길 영

· 永遠 (영원) : 언제까지고 계속하여 끝이 없음.

앗, 조심! '永' 자 위에 있는 점을 빼면 水(물 수)가 되니 조심해야 되요.

따뜻할 **온** (氵/水부)

氵 + 囚 + 皿 = 溫

따뜻한 물[水]이 담긴 그릇[皿]에 사람[人]이 들어가 목욕을 하고 있는 모습을 본뜬 한자입니다.

엄마, 따뜻한 물이 안 나와요.

어쩌지? 보일러가 고장났는지 온수(溫水)가 나오질 않는구나.

| 필순에 따라 써 보세요 | 溫溫溫溫溫溫溫溫溫溫溫溫溫 (총 13획) |

溫

따뜻할 온

· 溫水(온수) : 따뜻한 물.
· 溫度(온도) : 덥고 찬 정도, 또는 그 도수.

1. 失手(   )는 누구든지 할 수 있다.

2. 식물도 愛(   )정을 갖고 돌봐야 한다.

3. 野球(   )는 나의 특기이다.

4. 동생은 夜(   )경을 보는 것을 좋아한다.

5. 이번 여름방학엔 西洋(   )문화에 대해 공부하고 싶다.

6. 따뜻한 빛이 드는 陽地(   )가 참 좋다.

7. 항상 자신감 있는 言(   )행이 중요하다.

8. 英語(   )보다 우리말이 우선이다.

9. 永(   )원한 것은 없다.

10. 따뜻한 溫水(   )로 목욕을 하고 싶다.

11. '입 구' 가 숨어 있는 한자들끼리 묶인 것은?

① 勝, 始   ② 始, 式   ③ 式, 愛   ④ 言, 始

12. '들' 의 뜻을 가진 한자는?

① 失   ② 始   ③ 野   ④ 愛

13. '마음 심' 이 숨어 있는 한자는?

① 愛   ② 始   ③ 部   ④ 石

14. '온' 으로 발음이 되는 한자는?

① 使   ② 溫   ③ 部   ④ 信

15. '낮' 과 반대되는 한자는?

① 速   ② 習   ③ 野   ④ 夜

16. '영원하다' 라는 뜻을 가진 한자는?

① 永   ② 强   ③ 藥   ④ 洋

17. '물 수' 가 들어있는 한자는?

① 英   ② 陽   ③ 言   ④ 洋

18. '陽' 의 발음은?

① 영   ② 양   ③ 용   ④ 응

19. '言' 의 발음은?

① 은   ② 어   ③ 언   ④ 야

20. '英' 의 바른 뜻은?

① 꽃부리   ② 나무   ③ 곰   ④ 달

1. 다음 漢字(한자)의 訓(훈)과 音(음)을 쓰세요.

1) 失 (　　　　　　　)

2) 愛 (　　　　　　　)

3) 野 (　　　　　　　)

4) 夜 (　　　　　　　)

5) 洋 (　　　　　　　)

6) 陽 (　　　　　　　)

7) 言 (　　　　　　　)

8) 英 (　　　　　　　)

9) 永 (　　　　　　　)

10) 溫 (　　　　　　　)

2. 다음 漢字語(한자어)의 讀音(독음)을 쓰세요.

1) 失手 (　　　　　　)　　6) 英國 (　　　　　　)

2) 愛國 (　　　　　　)　　7) 永住 (　　　　　　)

3) 山野 (　　　　　　)　　8) 東洋 (　　　　　　)

4) 言語 (　　　　　　)　　9) 陽地 (　　　　　　)

5) 夜食 (　　　　　　)　　10) 溫度 (　　　　　　)

3. 다음 밑줄 친 말과 뜻이 통하는 한자를 보기에서 골라 번호를 쓰세요.

보기
① 失　② 愛　③ 野　④ 夜　⑤ 洋
⑥ 陽　⑦ 言　⑧ 英　⑨ 永　⑩ 溫

1) 볕(　　　)이 뜨거울수록 그늘은 시원하다.

2) 영원(　　　)한 것은 아무것도 없다.

3) 바다(　　　)는 고요한 듯하면서도 언제나 파도가 일렁인다.

4) 지난 주에 할머니는 온(　　　)천을 다녀오셨다.

5) 얻는 것이 있으면 잃는(　　　) 것도 있다.

6) 내가 제일 좋아하는 운동은 야(　　　)구이다.

7) 모두를 사랑(　　　)하라는 것이 종교의 참 의미이다.

8) 살을 빼려면 야(　　　)식을 피해야 한다.

9) 말(　　　)과 행동이 일치해야 한다.

10) 그 분이 바로 새로 오신 영어(　　　)선생님이야.

4. 다음 물음에 어울리는 漢字(한자)를 보기에서 고르세요.

보기	① 失	② 愛	③ 野	④ 夜	⑤ 洋
	⑥ 陽	⑦ 言	⑧ 英	⑨ 永	⑩ 溫

1) '영' 이라고 발음을 하고 '길다' 의 뜻을 가진 한자는?

2) '언' 이라고 발음을 하고 '말씀' 의 뜻을 가진 한자는?

3) '온' 이라고 발음을 하고 '따뜻하다' 의 뜻을 가진 한자는?

4) '야' 라고 발음을 하고 '밤' 의 뜻을 가진 한자는?

5) '양' 이라고 발음을 하고 '큰 바다' 의 뜻을 가진 한자는?

6) '야' 라고 발음을 하고 '들' 의 뜻을 가진 한자는?

7) '애' 라고 발음을 하고 '사랑' 의 뜻을 가진 한자는?

8) '실' 이라고 발음을 하고 '잃다' 의 뜻을 가진 한자는?

9) '양' 이라고 발음을 하고 '볕' 의 뜻을 가진 한자는?

10) '영' 이라고 발음을 하고 '꽃부리' 의 뜻을 가진 한자는?

5. 다음 漢字語(한자어)의 뜻을 쓰세요.

1) 失手 (　　　　　　　　　)

2) 愛國 (　　　　　　　　　)

3) 夜間 (　　　　　　　　　)

4) 陽地 (　　　　　　　　　)

5) 溫水 (   )

6. 다음 한자와 뜻이 비슷한 漢字(한자)를 골라 번호를 쓰세요.

　　1) 靑 (　　　　) 　①洋 　②野 　③英 　④綠

　　2) 樹 (　　　　) 　①目 　②木 　③光 　④感

　　3) 直 (　　　　) 　①秋 　②冬 　③植 　④正

　　4) 夜 (　　　　) 　①夕 　②各 　③名 　④冬

　　5) 永 (　　　　) 　①洋 　②陽 　③開 　④長

7. 다음 漢字(한자)와 음(음)이 같은 漢字(한자)를 고르세요.

　　1) 永 (　　　　) 　①習 　②高 　③英 　④反

　　2) 陽 (　　　　) 　①草 　②洋 　③海 　④和

　　3) 失 (　　　　) 　①理 　②李 　③植 　④室

　　4) 野 (　　　　) 　①夜 　②洋 　③英 　④永

　　5) 新 (　　　　) 　①夜 　②野 　③信 　④石

8. 失(일을 실)을 쓰는 순서에 맞게 각 획에
　　번호를 쓰세요.

不撤晝夜 (불철주야)

밤낮을 가리지 아니함을 말합니다.

❖ 不:아닐 불, 撤:걷을 철, 晝:낮 주, 夜:밤 야

園
동산 원

遠
멀 원

由
말미암을 유

油
기름 유

銀
은 은

醫
의원 의

衣
옷 의

者
놈 자

在
있을 재

章
글 장

在
있을 재

재밌는 한자

동산 원 (口부)

口 + 袁 = 園

동산의 주위를 뜻하는 '口'와 발음을 결정한 성 원(袁)이 합쳐진 한자입니다.

난 놀이 공원(公園)에 오는 게 제일 좋아요.

엄마는 복잡한 놀이 공원보다 조용한 정원(庭園)에서 꽃 구경이나 했으면 좋겠다.

필순에 따라 써 보세요 園 園 園 園 園 園 園 園 園 園 園 園 園 (총 13획)

園

동산 원

· 庭園(정원) : 잘 가꾸어 놓은 넓은 뜰.

· 公園(공원) : 공중의 휴식과 보건 등을 위한 시설이 되어 있는 큰 정원이나 지역.

동음이의어 遠(멀 원)

遠
멀 원 (辶부)

辶 + 袁 = 遠

진행과 거리의 뜻을 결정한 착(辶)과 발음을 결정한 성 원
(袁)이 합쳐진 한자입니다.

아이스크림 공장 갔다 오냐?
영원(永遠)히 오지 말지 왜?

가게가 너무 멀어서
아이스크림이···

필순에 따라 써 보세요   遠 遠 遠 丰 丰 袁 袁 袁 袁 袁 遠 遠 遠 **(총14획)**

遠

멀 원

· 遠大(원대) : 계획이나 희망 따위의 규모가 크고 깊음.

상대 · 반의어   遠(멀 원) ↔ 近(가까울 근)

6급 급수한자

由
말미암을 유 (田부)

日 + l = 由

밭[田] 위로 싹[l]이 뾰족하게 나기 시작하는 모습을 본뜬 한자입니다.

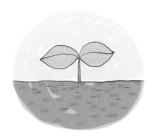

우리 딸이 이렇게 예쁜 이유(理由)가 뭘까?

그야 물론 예쁜 엄마를 닮아서죠.

정말 못말리는 모녀라니까.

필순에 따라 써 보세요	由 冂 日 由 由 (총 5획)

由				
말미암을 유				

· 理由(이유) : 까닭. 사유.

· 由來(유래) : 사물이 어디에서 연유하여 옴.

동음이의어 有(있을 유), 油(기름 유)

$$氵 + 由 = 油$$

기름 유 (氵/水부)

뜻을 결정한 물 수(氵/水)와 발음을 결정한 말미암을 유(由)가 합쳐진 한자입니다.

너 두유(豆油)를 뭘로 만드는지 아니?

콩 두(豆),기름 유(油)! 물론 콩이지. 옥수수 기름은 옥수수. 그럼 참기름은 참인가?

참이란 게 어딨어. 참기름은 참깨에서 짠 기름이란다.

필순에 따라 써 보세요	油油油油油油油油 (총8획)			
油				
기름 유				

· 精油(정유) : 석유를 정제하는 일, 또는 정제한 석유.

· 注油所(주유소) : 자동차에 기름을 넣어 주는 곳.

월   일 확인:

銀
은 은 (金부)

金 + 艮 = 銀

뜻을 결정한 쇠 금(金)과 발음을 결정한 어긋날 간(艮)이 합쳐진 한자입니다.

하늘이 어디 가니?

돼지 저금통이 꽉 차서 은행 (銀行)에 저금하러 가요.

은행

부러워라!

매일 군것질만 하더니…쯧쯧.

필순에 따라 써 보세요	銀 銀 銀 銀 銀 銀 銀 銀 銀 銀 銀 銀 銀 銀 (총14획)

銀				
은 은				

· 銀行(은행) : 예금과 대출, 유가 증권을 발행 · 관리하는 일 등을 하는 금융 기관.

醫
의원 **의** (酉부)

殿 + 酉 = 醫

수술 도구[殿]와 마취 효과를 냈던 술병[酉] 모양을 본뜬
한자입니다.

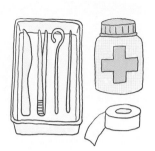

너 자꾸 울면
의사(醫師) 선생님이
주사 놓는대.

하늘아, 병원가자. 너 오늘
예방접종하는 날이야.

필순에 따라 써 보세요	醫 醫 醫 醫 医 医 医 医 醫 醫 醫 醫 醫 醫 醫 醫 醫 醫 (총 18획)

醫				
의원 의				

· 醫師(의사) : 의술과 약으로 병을 고치는 직업에 종사하는
사람.

동음이의어 意(뜻 의), 衣(옷 의)

衣
옷 의 (衣부)

옷고름이 있는 윗도리 모양을 본뜬 한자입니다.

세계 여러 나라의 의복(衣服) 중에 우리의 옷인 한복이 제일 멋진 것 같아.

맞아. 특히 나처럼 조금 넉넉한 몸매에는 금상첨화지.

조금이라고?

필순에 따라 써 보세요	衣衣衣衣衣衣 (총6획)			
衣 옷 의				

· 衣服(의복) : 옷.

기억나요? '옷' 이라는 뜻을 가진 한자가 또 있었죠? 기억나요? 바로 '服(옷 복)' !

놈 자 (耂/老부)

원래 '솥에 사탕수수를 삶는다' 는 뜻이었지만 지금은 '놈' 이
란 뜻으로 사용됩니다.

내 꿈은 기자(記者)가 되어서
세계 여러 나라의 소식을
빠르게 전하는 거야.

나는 연기자가 되는 게
꿈이야. 그래서 기자도
해 봐야지. 헤헤헤.

필순에 따라 써 보세요   者 者 者 者 者 者 者 者 者 (총9획)

者

놈 자

· 記者(기자) : 신문, 잡지, 방송 등에서 기사를 모으거나 쓰
거나 하는 사람.

동음이의어 子(아들 자), 字(글자 자), 自(스스로 자)

章
글 장(立부)

辛 + 日 = 章

송곳 모양을 본뜬 매울 신(辛)과 문신을 새긴다는 뜻의 가로
왈(日)이 합쳐진 한자입니다.

그게 뭐야?
도장(圖章) 같은데.

맞아. 엄마가 오늘 새겨 주셨어.
내 이름이 새겨진 도장이 있으니까
꼭 사장님이 된 것 같아. 헤헤헤.

엄마, 나도 도장!

필순에 따라 써 보세요 章 章 章 章 章 章 音 音 章 章 章 (총11획)

章				
글 장				

· **圖章**(도장) : 나무나 뿔 또는 고무 따위에 개인이나 단체의
이름을 새긴 물건.

동음이의어 長(길 장), 場(마당 장)

在
있을 재 (土부)

才 + 土 = 在

발음을 결정한 재주 재(才)와 뜻을 결정한 흙 토(土)가 합쳐
진 한자입니다.

현재 스코어가 어떻게 됐어?
우리 나라가 이기고 있어?
우리 학교에 재학(在學) 중인
선수도 나왔어?

야! 하나씩 좀 물어 봐라.
그렇게 물어 보면
어떻게 대답하냐?

필순에 따라 써 보세요	在 在 在 在 在 在 (총 6획)			
在				
있을 재				

· 現在 (현재) : 이제. 지금.

· 在學(재학) : 학교에 학적을 두고 공부함.

동음이의어 才(재주 재)

1. 이번 주말에는 아빠와 **動物園**(   )에 간다.

2. 네가 그렇게 말을 하는 **理由**(   )가 뭐니?

3. **石油**(   )는 땅 속에서 나오는 기름이다.

4. 금보다 **銀**(   )이 싸다.

5. 프로선수들도 **遠**(   )거리 원정경기를 치르면 피곤하다.

6. 그는 소외된 곳에서 **醫術**(   )을 펼쳤다.

7. **衣服**(   )을 입는 데도 예의와 격식이 있다.

8. 너는 뭐하는 **者**(   )냐! 정체를 밝혀라!

9. 제1**章**(   )에서 지은이가 말하고자 하는 바는 무엇인가?

10. 학교 도서관은 **在學生**(   )에게만 출입이 허용된다.

11. 같은 발음이 나는 한자끼리 짝지워진 것은?

   ① 勇, 遠　　② 園, 用　　③ 由, 油　　④ 飮, 食

12. '밭 전'이 숨어있는 한자는?

   ① 園　　　② 由　　　③ 飮　　　④ 音

13. '가깝다'는 뜻과 반대되는 한자는?

   ① 愛　　　② 遠　　　③ 運　　　④ .油

14. '동산'의 뜻을 가진 한자는?

   ① 用　　　② 溫　　　③ 在　　　④ 園

15. 지금은 욕으로 쓰이고 있는 한자는?

   ① 者　　　② 在　　　③ 衣　　　④ 油

16. '油'의 뜻은?

   ① 물　　　② 술　　　③ 공기　　④ 기름

17. '금메달'이 첫 번째라면 두 번째는?

   ① 銀메달　② 運메달　③ 油메달　④ 音메달

18. 다음 한자 중 같은 발음끼리 짝지워진 것은?

   ① 意, 醫　② 章, 才　③ 在, 衣　④ 園, 者

19. '있다'라는 뜻을 가진 한자는?

   ① 醫　　　② 章　　　③ 在　　　④ 者

20. 우리가 매일 입고 다니는 것은?

   ① 醫　　　② 在　　　③ 衣　　　④ 油

1. 다음 漢字(한자)의 訓(훈)과 音(음)을 쓰세요.

1) 園 (　　　　　) 　　11) 音 (　　　　　　)

2) 遠 (　　　　　) 　　12) 意 (　　　　　　)

3) 由 (　　　　　) 　　13) 名 (　　　　　　)

4) 油 (　　　　　) 　　14) 各 (　　　　　　)

5) 銀 (　　　　　) 　　15) 夕 (　　　　　　)

6) 醫 (　　　　　) 　　16) 度 (　　　　　　)

7) 衣 (　　　　　) 　　17) 席 (　　　　　　)

8) 者 (　　　　　) 　　18) 藥 (　　　　　　)

9) 章 (　　　　　) 　　19) 樂 (　　　　　　)

10) 在 (　　　　　) 　　20) 書 (　　　　　　)

2. 다음 漢字語(한자어)의 讀音(독음)을 쓰세요.

1. 花園 (　　　　　) 　　6. 遠近 (　　　　　)

2. 自由 (　　　　　) 　　7. 石油 (　　　　　)

3. 金銀 (　　　　　) 　　8. 讀者 (　　　　　)

4. 衣服 (　　　　　) 　　9. 文章 (　　　　　)

5. 醫術 (　　　　　) 　　10. 現在 (　　　　　)

3. 다음 밑줄 친 말과 뜻이 통하는 한자를 보기에서 골라 번호를 쓰세요.

보기 ① 園 ② 遠 ③ 由 ④ 油 ⑤ 銀
⑥ 醫 ⑦ 衣 ⑧ 者 ⑨ 章 ⑩ 在

1. 너는 뭐하는 자(   )냐?

2. 글(   )이란 그 사람의 생각을 밖으로 표현하는 것이다.

3. 나는 많은 책을 가지고 있다(   ).

4. 잘 입은 옷(   )이 그 사람의 인격은 아니다.

5. 의술(   )은 인술이라고도 한다.

6. 공원(   )에는 언제나 사람들로 북적인다.

7. 은행(   )영업시간이 지났다.

8. 기름(   )은 언젠가 고갈이 된다.

9. 멀리(   ) 갈 때는 부모님께 허락을 받아야 한다.

10. 그런 일을 한 연유(   )를 말해 봐!

4. 다음 물음에 어울리는 漢字(한자)를 보기에서 고르세요.

보기	① 園	② 遠	③ 由	④ 油	⑤ 銀
	⑥ 醫	⑦ 衣	⑧ 者	⑨ 章	⑩ 在

1. '장'이라고 발음을 하고 '글'의 뜻을 가진 한자는?

2. '자'라고 발음을 하고 '놈'의 뜻을 가진 한자는?

3. '의'라고 발음을 하고 '옷'의 뜻을 가진 한자는?

4. '원'이라고 발음을 하고 '멀다'의 뜻을 가진 한자는?

5. '원'이라고 발음을 하고 '동산'의 뜻을 가진 한자는?

6. '유'라고 발음을 하고 '기름'의 뜻을 가진 한자는?

7. '유'라고 발음을 하고 '말미암다'의 뜻을 가진 한자는?

8. '은'라고 발음을 하고 '은'의 뜻을 가진 한자는?

9. '의'이라고 발음을 하고 '의원'의 뜻을 가진 한자는?

10. '재'라고 발음을 하고 '있다'의 뜻을 가진 한자는?

5. 다음 漢字語(한자어)의 뜻을 쓰세요.

1) 遠大 (　　　　　　　　　　　　　)

2) 庭園 (　　　　　　　　　　　　　)

3) 由來 (   )

4) 衣服 (   )

5) 現在 (   )

6. 다음 漢字(한자)와 音(음)이 같은 漢字(한자)를 고르세요.

　　1) 油 (   )　①寸　②有　③石　④運

　　2) 衣 (   )　①意　②園　③遠　④由

　　3) 章 (   )　①遠　②油　③長　④由

7. 다음 漢字(한자)와 뜻이 비슷한 漢字(한자)를 고르세요.

1.書 (   )　①醫　②衣　③園　④章

2.衣 (   )　①服　②運　③神　④席

3.才 (   )　①者　②術　③度　④各

8. 在(있을 재)를 쓰는 순서에 맞게
　　각 획에 번호를 쓰세요.

好衣好食 (호의호식)

잘 입고 잘 먹으면서 풍족한 생활을 하는 것을 말합니다.

❖ 好:좋을 호, 衣:옷 의, 好:좋을 호, 食:먹을 식

定
정할 정

朝
아침 조

族
겨레 족

畫
낮 주

親
친할 친

太
클 태

通
통할 통

特
특별할 특

合
합할 합

行
행할 행

向
향할 향

號
부를 호

畵
그림 화

黃
누를 황

訓
가르칠 훈

정할 정 (宀부)

宀 + 正 = 定

지붕 모양을 본뜬 집 면(宀)과 발음과 뜻을 동시에 결정한 바를 정(正)이 합쳐진 한자입니다.

아빠, 여름 휴가 때 어디 놀러 안 가요?

가야지. 장소 결정(決定)되면 알려 줄 테니까 계속 조르면 안 된다.

우리도 휴가 준비하자.

필순에 따라 써 보세요	定定定定定定定定 (총8획)				
定					
정할 정					

· 安定(안정) : 흔들림이 없이 안전하게 자리 잡음.

아침 **조** (月부)

$$^{\text{艹}} + 日 + 月 = 朝$$

풀(艹) 사이에 떠 있는 태양(日)과 달(月)의 모양을 본뜬 한자입니다.

아침 조회(朝會) 있는데…엄마, 도시락!

여보, 나 늦었어. 그냥 갈게.

아휴, 조금만 일찍들 일어나지. 아침마다 전쟁이네.

필순에 따라 써 보세요	朝 朝 朝 査 査 査 直 車 斬 朝 朝 朝 (총12획)

朝				
아침 조				

· 朝夕(조석) : 아침과 저녁.

상대·반의어 夕(저녁 석) ↔ 朝(아침 조)

117

族

겨레 **족** (方부)

方 + 矢 = 族

깃발 모양과 화살 모양을 본뜬 한자입니다.

아빠, 6.25 전쟁이 정말 북한하고 싸움을 한 거예요? 북한하고 우리는 같은 민족(民族)인데…

그래. 슬픈 일이지만 같은 민족끼리 전쟁을 한 거란다. 절대 다시 일어나서는 안 되는 일이지.

그래. 같은 민족 인데…

우리도 이제 싸우지 말자.

필순에 따라 써 보세요	族族族族族族族族族族族 (총 11획)

族			
겨레 족			

· 家族(가족) : 혈연과 혼인 관계 등으로 한 집안을 이룬 사람들의 집단.

동음이의어 足(발 족)

畫
낮 주 (日부)

聿 + 日 = 畫

해가 뜬 모습인 날 일(日)과 붓을 쥐고 있는 모습인 붓 율(聿)이 합쳐진 한자입니다.

얘는 주야(畫夜)를 안 가리고 잠만 자네! 아휴~ 빨리 일어나.

악! 학교 가야 하는데 벌써 낮이 됐어? 큰일났다. 지각이다!

자다가 왠 헛소리야? 학교 갔다왔으면서…

필순에 따라 써 보세요	畫畫畫畫畫畫畫書書書書 (총11획)

畫				
낮 주				

· 晝間(주간) : 낮 동안.

상대·반의어 夜(밤 야) ↔ 晝(낮 주)

119

친할 친 (見부)

亲 + 見 = 親

'가까이 눈으로 관찰하다' 라는 뜻에서 유래된 한자입니다.

엄마, 저랑 우리 반에서 제일 친한 친구(親舊)예요.

그래? 방에서 놀고 있으렴. 엄마가 맛있는 것 만들어 줄게.

부러워라. 나랑도 친하게 지내자고 할걸.

필순에 따라 써 보세요	親 親 親 親 親 亲 亲 親 亲 親 親 親 親 親 親 親 (총 16획)

親			
친할 친			

· 親舊 (친구) : 친하게 사귀는 벗.
· 親庭 (친정) : 시집 간 여자의 본집.

太

클 **태** (大부)

큰 대(大)자가 아래위로 두 개 붙어 있는 모양에서 아래 큰 대(大)가 ' · '으로 변한 한자입니다.

> 저 태양(太陽)의 크기는 얼마나 될까? 어마어마하게 크겠지?

> 그럼, 지구의 109배나 된다니까 우리가 상상할 수 없을 만큼 큰 거지.

필순에 따라 써 보세요	ㄱ 大 大 太 (총 4획)

太

클 태

· 太陽(태양) : 태양계의 중심을 이루는 항성.

기억나요? 8급 급수한자에서 배운 '크다' 라는 뜻의 한자 기억나죠? 바로 '大(큰 대)' !

121

通
통할 **통** (辶부)

辶 + 甬 = 通

뜻을 결정한 갈 착(辶)과 발음을 결정한 길 용(甬)이 합쳐진 한자입니다.

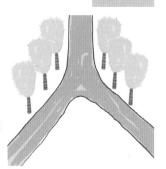

누구랑 그렇게 오래 통화(通話)를 하는 거니? 계속 통화 중이라 집에 연락을 할 수가 있어야지.

죄송해요. 아빠가 엄마 찾는 전화를 계속 하셔서···

여보세요?

필순에 따라 써 보세요	通 通 通 甬 甬 甬 甬 通 通 通 通 (총11획)

通					
통할 통					

· 通話(통화) : 전화로 말을 주고받음.

· 通路(통로) : 통해서 다닐 수 있게 트인 길.

特

특별할 특 (牛부)

牛 + 寺 = 特

옛날에 관청[寺]에서 특별히 다루었던 숫소[牛]에서 유래된
한자입니다.

오늘 특별(特別)
한 일 없으면
아이들이랑
산에나 가요.

어떡하지? 미안해. 오늘은
정말 특별한 일이 있어.
일주일 동안 미뤘던 달콤한
낮잠을 자야 하거든.

필순에 따라 써 보세요	特 特 特 特 特 特 特 特 特 特 (총 10획)

特				
특별할 특				

· 特別(특별) : 보통과 아주 다름.

합할 합 (口부)

뚜껑과 그릇이 딱 맞는 모양을 본뜬 한자입니다.

자장면이 3500원, 짬뽕이 4000원. 그럼 총 합계(合計)가 얼마지?

음~, 7500원! 군만두 하나 더 먹으면 안 될까요?

아, 탕수육 먹고 싶다!

필순에 따라 써 보세요	合 合 合 合 合 合 (총 6획)

合				
합할 합				

· 合計(합계) : 수나 양을 합하여 셈함, 또는 그 수나 양.

行

행할 행 (行부)

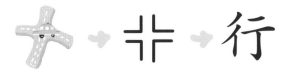

걸어다니는 사거리의 모양을 본뜬 한자입니다.

음식점에서 저런 행동(行動)을
하게 두다니 부모가
도대체 뭐하는 거야?

아빠! 이것 보세요.

아휴, 아빠 망신
다 시키네.

필순에 따라 써 보세요	行 行 行 行 行 行 (총6획)			
行				
행할 행				

· 行動(행동) : 몸을 움직임, 또는 그 동작.

· 行軍(행군) : 군대 또는 많은 인원이 줄을 지어 걸어감.

상대·반의어   行(행할 행) ↔ 言(말씀 언)

125

향할 향 (口부)

冂 + 口 = 向

지붕 모양을 본뜬 면(冂)과 창문 모양을 본뜬 '口'가 합쳐
진 한자입니다.

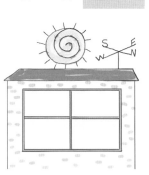

우향우! 모두 태극기를 향(向)해 서도록!
전체 태극기를 향해 경례!

필순에 따라 써 보세요	向 向 向 向 向 向 (총6획)

향할 향

· 方向(방향) : 향하거나 나아가는 쪽. 방위.
· 向學(향학) : 배움에 뜻을 두고 그 길로 나아감.

6급 급수한자

號

부를 **호** (虍부)

号 + 虎 = 號

뜻을 결정한 이름 호(号)와 발음을 결정한 호(虎)가 합쳐진 한자입니다.

혁혁혁, 아빠가 부르는 소리 안 들렸니?

헤헤헤, 죄송해요. 신호(信號)등이 빨간불로 바뀌려고 해서요.

필순에 따라 써 보세요

號 號 號 號 號 號 號 號 號 號 號 號 號 (총 13획)

號				
부를 호				

· 國號(국호) : 공식적인 나라의 이름. 국명(國名).

그림 **화** (田부)

붓을 쥐고 있는 모양인 붓 율(聿)과 종이 모양인 밭 전(田)이 합쳐진 한자입니다.

와, 화가(畫家) 같아. 미술 학원에 다녔니?

아니. 이게 다 아침마다 이불에 연습한 결과지. 비록 엄마한테 매일 혼나기는 하지만…

필순에 따라 써 보세요 畫畫畫畫畫畫畫畫畫畫畫畫畫 (총 13획)

畫

그림 화

· 畫家(화가) : 그림 그리는 일을 전문으로 하는 사람.

기억나요? '그림' 의 뜻을 가진 한자로 '圖(그림 도)' 가 있었죠? 기억나요?

黃
누를 **황** (黃부)

허리에 누른 옥을 차고 있는 모습을 본뜬 한자입니다.

흰색 옷이 왜 이렇게 누렇게 됐어요?

물 빠지는 황색(黃色) 옷이 있는 줄 모르고 세탁기를 돌렸단다. 그래도 색깔 예쁘게 들었지?

난 물들인 거 아니야. 원래 누렁이라고.

| 필순에 따라 써 보세요 | 一 十 井 井 井 带 芯 芯 茜 黄 黄 黃 (총 12획) |

黃				
누를 황				

· 黃金(황금) : 1. 누런 빛의 '금(金)'을 이르는 말
2. '돈' 또는 '재물'의 뜻으로 쓰이는 말.

訓
가르칠 훈 (言부)

言 + 川 = 訓

뜻을 결정한 말씀 언(言)과 발음을 결정한 천(川)이 합쳐진
한자입니다.

하늘 천, 따 지, 가마솥에
누룽지! 하면서요? 헤헤헤.

옛날에는 서당에서 훈장(訓長)
님이 글을 가르쳐 주셨단다.

우리 할아버지의
할아버지도 서당개셨는데…

필순에 따라 써 보세요	訓 訓 訓 訓 訓 訓 訓 訓 訓 訓 (총 10획)		
訓			
가르칠 훈			

· 訓長 (훈장) : 글방의 선생.
· 訓育(훈육) : 가르쳐 기름.

기억나요? 회초리를 든 선생님이 공부를 가르치는 모습을 본뜬 한자
는? ' 敎(가르칠 교)'!, '訓(가르칠 훈)'과 뜻이 같죠? 기
억이 안 나면 8급 급수한자을 다시 보세요.

1. 빨리 너의 의사를 결定(   )해라!

2. 우리는 한 겨레, 한 民族(   )이다.

3. 晝間(   )에만 일하기로 했다.

4. 朝食(   )메뉴가 많이 개발되었다.

5. 태곤이의 가장 친한 親(   )구는 범창이다.

6. 太(   )극기가 바람에 펄럭입니다.

7. 너를 위해서 特別(   )히 주문한 거야.

8. 공기의 通路(   )를 막아야 한다.

9. 이 로봇은 合體(   )와 분리가 마음대로 돼.

10. 자신의 行動(   )에는 자신이 책임을 져야 한다.

11. 남쪽으로 向( )해 갈수록 날씨는 따뜻해진다.

12. 교통 信號( )를 잘 지켜야 한다.

13. 畫家( )가 될 소질이 보이는 걸.

14. 黃土( )의 좋은 점이 이제야 알려지고 있다.

15. 訓長( )님의 가르침을 잘 따르겠습니다.

16. '바를정'이 숨어 있는 한자는?

　　① 庭　　　② 定　　　③ 族　　　④ 朝

17. 해와 달이 동시에 떠 있는 한자는?

　　① 定　　　② 晝　　　③ 朝　　　④ 目

18. '겨레'의 뜻을 가진 한자는?

　　① 行　　　② 幸　　　③ 族　　　④ 合

19. '밤'과 반대되는 한자는?

　　① 通　　　② 特　　　③ 晝　　　④ 朝

20. '가까이 눈으로 관찰하다'의 뜻을 가지고 있는 한자는?

　　① 行　　　② 晝　　　③ 合　　　④ 親

21. '태'라고 발음을 하는 한자는?

　　① 族　　　② 定　　　③ 親　　　④ 太

22. '통'이라고 발음을 하는 한자는?

　　① 淸　　　② 靑　　　③ 通　　　④ 體

23. '특별'이란 뜻을 가진 한자는?

　　① 行　　　② 特　　　③ 親　　　④ 太

24. 밥뚜껑과 밥그릇이 합쳐진 모양의 한자는?

　　① 醫　　　② 章　　　③ 合　　　④ 者

25. '색깔'과 관련이 있는 한자는?

　　① 黃　　　② 向　　　③ 親　　　④ 族

26. '향' 이라고 발음을 하는 한자는?

　　① 行　　　② 訓　　　③ 向　　　④ 會

27. '부르다' 의 뜻을 가진 한자는?

　　① 號　　　② 黃　　　③ 現　　　④ 形

28. '내 천' 이 들어있는 한자는?

　　① 號　　　② 黃　　　③ 親　　　④ 訓

29. '밭 전' 이 숨어 있는 한자는?

　　① 訓　　　② 向　　　③ 畫　　　④ 畵

30. '사거리' 의 모습을 본뜬 한자는?

　　① 訓　　　② 行　　　③ 幸　　　④ 親

1. 다음 漢字(한자)의 訓(훈)과 音(음)을 쓰세요.

1) 定 (　　　　　)   14) 訓 (　　　　　)

2) 朝 (　　　　　)   15) 音 (　　　　　)

3) 族 (　　　　　)   16) 意 (　　　　　)

4) 親 (　　　　　)   17) 名 (　　　　　)

5) 太 (　　　　　)   18) 各 (　　　　　)

6) 通 (　　　　　)   19) 夕 (　　　　　)

7) 特 (　　　　　)   20) 冬 (　　　　　)

8) 合 (　　　　　)   21) 度 (　　　　　)

9) 行 (　　　　　)   22) 席 (　　　　　)

10) 向 (　　　　　)   23) 晝 (　　　　　)

11) 號 (　　　　　)   24) 書 (　　　　　)

12) 圖 (　　　　　)   25) 畵 (　　　　　)

13) 黃 (　　　　　)

2. 다음 漢字語(한자어)의 讀音(독음)을 쓰세요.

1) 朝夕 (　　　　　)

2) 民族 (　　　　　)

3) 晝間 (   )

4) 安定 (   )

5) 太陽 (   )

6) 神通 (   )

7) 特別 (   )

8) 合計 (   )

9) 親族 (   )

10) 銀行 (   )

11) 方向 (   )

12) 國號 (   )

13) 畫家 (   )

14) 黃金 (   )

15) 敎訓 (   )

3. 다음 밑줄 친 말과 뜻이 통하는 한자를 보기에서 골라 번호를 쓰세요.

보기

① 定　② 朝　③ 族　④ 晝　⑤ 親

⑥ 太　⑦ 通　⑧ 特　⑨ 合　⑩ 行

⑪ 向　⑫ 號　⑬ 畫　⑭ 黃　⑮ 訓

1. 아직 나의 생각을 정(　　　)하지 못했다.

2. 낮(　　　)부터 밤까지 공부에 열심이다.

3. 아침(　　　) 저녁으로 아직도 날씨가 차다.

4. 우리 가족(　　　)은 모두 3명이다.

5. 이번 시험은 반드시 합격(　　　)할 것이다.

6. 너에게만 특별(　　　)히 말해 주는 것이다.

7. 태양(　　　)은 모든 생물에 생명의 빛을 준다.

8. 너는 전화 통화(　　　)를 너무 오래하는 것 아니니?

9. 친구(　　　) 처럼 좋은 것은 없다.

10. 행동(　　　)하는 젊음이 되라.

11. 오늘, 가훈(　　　)에 대해 이야기를 했다.

12. 신호(　　　)를 듣고 출발하세요.

13. 유명한 화가(　　　)의 그림을 모방했다.

14. 누런색의 금이 황금(　　　)이다.

15. 바람이 부는 방향(　　　)을 알아야 한다.

4. 다음 물음에 어울리는 漢字(한자)를 보기에서 고르세요.

138

보기

① 定　② 朝　③ 族　④ 晝　⑤ 親
⑥ 太　⑦ 通　⑧ 特　⑨ 合　⑩ 行
⑪ 向　⑫ 號　⑬ 畫　⑭ 黃　⑮ 訓

1. '조' 라고 발음을 하고 '아침' 의 뜻을 가진 한자는?

2. '합' 이라고 발음을 하고 '합치다' 의 뜻을 가진 한자는?

3. '태' 라고 발음을 하고 '크다' 의 뜻을 가진 한자는?

4. '특' 이라고 발음을 하고 '특별하다' 의 뜻을 가진 한자는?

5. '친' 이라고 발음을 하고 '친하다, 부모' 의 뜻을 가진 한자는?

6. '훈' 이라고 발음을 하고 '가르치다' 의 뜻을 가진 한자는?

7. '행' 이라고 발음을 하고 '행하다' 의 뜻을 가진 한자는?

8. '향' 이라고 발음을 하고 '향하다' 의 뜻을 가진 한자는?

9. '화' 라고 발음을 하고 '그림' 의 뜻을 가진 한자는?

10. '정' 이라고 발음을 하고 '정하다' 의 뜻을 가진 한자는?

11. '족' 이라고 발음을 하고 '겨레' 의 뜻을 가진 한자는?

12. '통' 이라고 발음을 하고 '통하다' 의 뜻을 가진 한자는?

13. '호' 라고 발음을 하고 '부르다' 의 뜻을 가진 한자는?

14. '황' 이라고 발음을 하고 '누렇다' 의 뜻을 가진 한자는?

15. '주'라고 발음을 하고 '낮'의 뜻을 가진 한자는?

5. 다음 漢字語(한자어)의 뜻을 쓰세요.

1. 晝間 (　　　　　　)

2. 敎訓 (　　　　　　)

3. 校訓 (　　　　　　)

4. 安定 (　　　　　　)

5. 方向 (　　　　　　)

6. 朝夕 (　　　　　　)

7. 親庭 (　　　　　　)

8. 太陽 (　　　　　　)

9. 通話 (　　　　　　)

10. 畫家 (　　　　　　)

6. 다음 漢字(한자)의 상대어 또는 반의어를 고르세요.

1) 言 (　　　　) ① 禮 ② 行 ③ 明 ④ 父

2) 物 (　　　　) ① 省 ② 雪 ③ 萬 ④ 心

3) 朝 (　　　　) ① 今 ② 海 ③ 夕 ④ 淸

4) 夜 (　　　　　)　①晝　②窓　③醫　④草

7. 다음 漢字(한자)와 뜻이 비슷한 漢字(한자)를 고르세요.

　1) 訓 (　　　　　)　①醫　②衣　③黃　④敎

　2) 畫 (　　　　　)　①書　②圖　③號　④體

　3) 身 (　　　　　)　①者　②術　③度　④體

8. 太(클 태)를 쓰는 순서에 맞게
　각 획에 번호를 쓰세요.

言行一致 (언행일치)

말과 행동이 똑같음을 말합니다.

❖ 言:말씀 언, 行:행할 행, 一:한 일, 致:이를 치

실전 대비 총정리

○ 다음 漢字語(한자어)의 獨音(독음)을 쓰세요. (1~30)

<보기> 漢字 → 한자

1. 失言 ⇨
2. 朝夕 ⇨
3. 石油 ⇨
4. 訓長 ⇨
5. 文章 ⇨
6. 速度 ⇨
7. 集合 ⇨
8. 風向 ⇨
9. 生死 ⇨
10. 野球 ⇨
11. 近來 ⇨
12. 古今 ⇨
13. 太陽 ⇨
14. 題目 ⇨
15. 苦生 ⇨
16. 愛國 ⇨
17. 言語 ⇨
18. 科目 ⇨
19. 綠色 ⇨
20. 衣服 ⇨
21. 根本 ⇨
22. 開放 ⇨
23. 角度 ⇨
24. 立席 ⇨
25. 孫子 ⇨
26. 級數 ⇨
27. 道路 ⇨
28. 行方 ⇨
29. 永遠 ⇨
30. 番號 ⇨

○ 다음 漢字語(한자어)의 訓(훈)과 音(음)을 쓰세요. (31~70)

31. 頭 ⇨

32. 禮 ⇨

33. 古 ⇨

34. 目 ⇨

35. 郡 ⇨

36. 石 ⇨

37. 服 ⇨

38. 近 ⇨

39. 死 ⇨

40. 美 ⇨

41. 使 ⇨

42. 朝 ⇨

43. 別 ⇨

44. 永 ⇨

45. 病 ⇨

46. 孫 ⇨

47. 言 ⇨

48. 夜 ⇨

49. 銀 ⇨

50. 向 ⇨

○ 다음 밑줄 친 단어에 알맞은 漢字語(한자어)를 〈보기〉에서 골라 번호를 쓰요.(51~55)

〈보기〉 ① 死　　② 言　　③ 陽　　④ 多　　⑤ 度
　　　　⑥ 失　　⑦ 强　　⑧ 衣　　⑨ 樹　　⑩ 勝

51. 죽느냐(   )사느냐 그것이 문제로다.

52. 너무 옷(   )을 많이 입은 거 아냐?

53. 지금 온도(   )가 몇 도인가?

54. 운동을 할 때는 강(   )약 조절이 중요하다.

55. 겨울이면 늘 양(   )지 바른 곳에서 햇볕을 쬐었다.

다음 밑줄 친 단어를 漢字로 쓰세요.(56~75)

56. 울릉도 동남쪽 뱃길따라 이백리

57. 가을 운동회에서 백군이 승리하였다.

58. 이 소화기는 만일의 경우에 대비하는 것이다.

59. 범창이가 우리 모두를 생일파티에 초대하였다.

60. 보통 8살에 초등학교에 들어간다.

61. 생수가 기름보다 비싸다.

62. 그 분은 청년시절에 많은 고생을 하였다.

63. 논밭이었던 곳에 이제는 공장들이 들어섰다.

64. 청출어람이란 스승보다 뛰어난 제자를 말한다.

65. 한옥을 자세히 살펴보면 선조들의 지혜를 느낄 수 있다.

66. 이 도로는 차도와 인도가 잘 구별되지 않는다.

67. 그는 자신의 성명도 한자로 쓰지 못한다.

68. 서빙고에서 조선왕실의 제사에 필요한 얼음을 제공하였다.

69. 태곤이는 아빠와 매일 달리기를 한다.

70. 숲에는 다양한 식물들이 자란다.

71. 말은 하지 않았지만 얼굴에 반가운 기색이 가득했다.

72. 미세먼지 때문에 실외활동을 자제할 것을 권고하였다.

73. 아직 안심할 때가 아니다.

74. 국가는 국민을 보호할 의무가 있다.

75. 선생님이 많은 격려와 칭찬을 해주셨다.

○ 다음 한자의 相對語(상대어) 또는 反意語(반의어)를 보기에서 고르세요. (76~85)

〈보기〉 ① 今　　② 死　　③ 强　　④ 長　　⑤ 多
　　　　⑥ 近　　⑦ 夜　　⑧ 大　　⑨ 後　　⑩ 夕

76. 少　⇨　　　　　　　　77. 小　⇨

78. 古　⇨　　　　　　　　79. 生　⇨

80. 弱　⇨　　　　　　　　81. 朝　⇨

82. 遠　⇨　　　　　　　　83. 畫　⇨

84. 短　⇨　　　　　　　　85. 前　⇨

● 다음 漢字語(한자어)의 뜻을 쓰세요.(86~92)

86. 頭目 ⇨

87. 近來 ⇨

88. 古今 ⇨

89. 美人 ⇨

90. 夜食 ⇨

91. 石工 ⇨

92. 風向 ⇨

● 다음 한자와 뜻이 비슷한 한자를 골라 번호를 쓰세요

93. 算 (   ) 1)分   2)計   3)住   4)注

94. 身 (   ) 1)發   2)堂   3)體   4)新

95. 分 (   ) 1)班   2)反   3)男   4)南

● 다음 漢字와 음이 같은 漢字를 골라 번호를 쓰세요

96. 永 (   ) 1)習   2)高   3)英   4)反

97. 陽 (   ) 1)草   2)洋   3)海   4)和

98. 失 (   ) 1)理   2)李   3)植   4)室

○ 다음 ( )안에 알맞은 漢字를 보기에서 찾아 번호를 쓰세요

〈보기〉 ① 軍 ② 國 ③ 北 ④ 弟 ⑤ 母

99. 大韓民(   )

100. 東西南(   )

101. 父(   )兄弟

○ 다음 漢子(한자)의 필순을 알아보세요. (103~105)

102. 別 (다를 별)자에서 화살표가 있는 획은 몇 번째로 쓰나요?

103. 本 (근본 본)자에서 화살표가 있는 획은 몇 번째로 쓰나요?

104. 言 (말씀 언)자에서 화살표가 있는 획은 몇 번째로 쓰나요?

상대어 · 반의어

동음이의어

8급, 7급, 6급Ⅱ

한자 복습

상대어 · 반의어 학습

◉ 다음 상대 · 반의어를 읽고, 바르게 따라 써 보세요.

많을 다	多 ←→ 少	적을 소	많음과 적음	多少
손 수	手 ←→ 足	발 족	손과 발	手足
윗 상	上 ←→ 下	아래 하	위와 아래	上下
안 내	內 ←→ 外	바깥 외	안과 밖	內外
늙을 로	老 ←→ 少	젊을 소	늙음과 젊음	老少
물을 문	問 ←→ 答	대답할 답	물음과 대답	問答
강할 강	強 ←→ 弱	약할 약	강함과 약함	強弱
죽을 사	死 ←→ 活	살 활	삶과 죽음	死活
나눌 분	分 ←→ 合	합할 합	나눔과 합침	分合
말씀 언	言 ←→ 行	다닐 행	말과 행동	言行
마음 심	心 ←→ 身	몸 신	마음과 몸	心身
멀 원	遠 ←→ 近	가까울 근	멀고 가까움	遠近
화합할 화	和 ←→ 戰	싸울 전	화합과 싸움	和戰

날 생 生 ⟷ 死 죽을 사	삶과 죽음	生死
먼저 선 先 ⟷ 後 뒤 후	먼저와 나중	先後
길 장 長 ⟷ 短 짧을 단	길고 짧음	長短
앞 전 前 ⟷ 後 뒤 후	앞과 뒤	前後
아침 조 朝 ⟷ 夕 저녁 석	아침과 저녁	朝夕
할아버지 조 祖 ⟷ 孫 손자 손	할아버지와 손자	祖孫
형 형 兄 ⟷ 弟 아우 제	형과 아우	兄弟
쓸 고 苦 ⟷ 樂 즐거울 락	괴로움과 즐거움	苦樂
옛 고 古 ⟷ 今 이제 금	옛날과 지금	古今
나갈 출 出 ⟷ 入 들어갈 입	나가고 들어옴	出入
낮 주 晝 ⟷ 夜 밤 야	낮과 밤	晝夜
하늘 천 天 ⟷ 地 땅 지	하늘과 땅	天地
왼 좌 左 ⟷ 右 오른 우	왼쪽과 오른쪽	左右

151

동음이음어 학습

◉ 음은 같으면서 뜻이 서로 다른 한자를 공부해 봅시다.

가	家 집 가	歌 노래 가		
각	各 각각 각	角 뿔 각		
강	江 강 강	強 강할 강		
계	界 경계 계	計 계산할 계		
고	古 옛 고	高 높을 고		
	苦 쓸 고			
공	工 장인 공	功 공 공		
	空 빌 공	公 공변될 공		
	共 함께 공			
과	果 과실 과	科 과목 과		
교	校 학교 교	敎 가르칠 교		
	交 사귈 교			
구	九 아홉 구	口 입 구		
	區 구역 구	球 공 구		
군	軍 군사 군	郡 고을 군		
근	根 뿌리 근	近 가까울 근		
금	金 쇠 금	今 이제 금		
급	急 급할 급	級 등급 급		

기	氣 기운 기	旗 깃발 기		
	記 기록할 기			
남	南 남녘 남	男 사내 남		
대	大 큰 대	代 대신할 대		
	對 대할 대	待 기다릴 대		
도	道 길 도	度 법도 도		
	圖 그림 도			
동	東 동녘 동	冬 겨울 동		
	動 움직일 동	洞 고을 동		
	童 아이 동	同 한가지 동		
등	登 오를 등	等 무리 등		
례	例 법식 례	禮 예도 례		
로	老 늙을 로	路 길 로		
리	里 마을 리	理 다스릴 리		
	利 이로울 리	李 오얏 리		
명	明 밝을 명	名 이름 명		
	命 목숨 명			
목	木 나무 목	目 눈 목		

문	門 문 문	問 물을 문	성	姓 성씨 성	成 이룰 성
	文 글월 문	聞 들을 문		省 살필 성	
미	米 쌀 미		소	小 작을 소	少 적을 소
	美 아름다울 미			所 바 소	消 사라질 소
반	半 반 반	反 돌이킬 반	수	水 물 수	手 손 수
	班 나눌 반			數 셀 수	樹 나무 수
방	方 모 방	放 놓을 방	시	市 시장 시	時 때 시
백	白 흰 백	百 일백 백		始 비로소 시	
부	父 아비 부	夫 지아비 부	식	食 먹을 식	式 법 식
	部 거느릴 부			植 심을 식	
사	四 넉 사	事 일 사	약	弱 약할 약	藥 약 약
	死 죽을 사	社 모일 사	양	洋 큰바다 양	陽 볕 양
	使 부릴 사		영	英 꽃부리 영	永 길 영
산	山 뫼 산	算 계산할 산	오	五 다섯 오	午 낮 오
서	西 서녘 서	書 글 서	용	用 쓸 용	勇 용감할 용
석	夕 저녁 석	石 돌 석	원	園 동산 원	遠 멀 원
	席 자리 석		유	有 있을 유	由 말미암을 유
선	先 먼저 선	線 선 선		油 기름 유	

◉ 음은 같으면서 뜻이 서로 다른 한자를 공부해 봅시다.

음	音 소리 음	飮 마실 음		족	足 발 족	族 겨레 족
일	日 날 일	一 한 일		주	住 살 주	主 주인 주
의	意 뜻 의	醫 의원 의			注 물댈 주	晝 낮 주
	衣 옷 의			중	中 가운데 중	重 무거울 중
자	子 아들 자	自 스스로 자		지	地 땅 지	紙 종이 지
	字 글자 자	者 놈 자		천	天 하늘 천	川 내 천
작	昨 어제 작	作 지을 작			千 일천 천	
장	長 길 장	場 마당 장		청	靑 푸를 청	淸 맑을 청
	章 글 장			촌	寸 마디 촌	村 마을 촌
재	才 재주 재	在 있을 재		하	夏 여름 하	下 아래 하
전	全 온전할 전	前 앞 전		한	韓 나라 한	漢 한나라 한
	電 번개 전	戰 싸움 전		행	行 행할 행	幸 다행 행
정	正 바를 정	庭 뜰 정		형	兄 형 형	形 드러날 형
	定 정할 정			화	火 불 화	花 꽃 화
제	弟 아우 제	第 차례 제			話 말씀 화	和 화합할 화
	題 제목 제				畵 그림 화	
조	祖 할아버지 조					
	朝 아침 조					

필순에 따라 한자를 써 보세요.

月							
달 월							
月 – 총 4획 丿 刀 月 月							

· 月出(월출), 月末(월말)

火							
불 화							
火 – 총 4획 丶 丷 少 火							

· 火山(화산), 火災(화재)

水							
물 수							
水 – 총 4획 丿 기 水 水							

· 水道(수도), 水軍(수군)

木							
나무 목							
木 – 총 4획 一 十 才 木							

· 木材(목재), 木手(목수)

金							
쇠 금							
金 – 총 8획 丿 人 스 슥 仐 牟 金 金							

· 金冠(금관), 年金(연금)

필순에 따라 한자를 써 보세요.

土							
흙 토							
土 - 총 3획 一 十 土							

· 土木(토목), 土地(토지)

日							
날 일							
日 - 총 4획 丨 冂 冃 日							

· 日記(일기), 日出(일출)

小							
작을 소							
小 - 총 3획 亅 小 小							

상대 · 반의어 : 大(큰 대)

白							
흰 백							
白 - 총 5획 丿 亻 白 白 白							

동음이의어 : 百(일백 백)

山							
뫼 산							
山 - 총 3획 丨 凵 山							

· 山林(산림), 山水(산수)

8급 한자 복습

필순에 따라 한자를 써 보세요.

一							
한 일							
一 - 총 1획	一						

· 一年(일년), 一生(일생)

二							
두 이							
二 - 총 2획	二 二						

· 二十(이십), 二世(이세)

三							
석 삼							
一 - 총 3획	一 二 三						

· 三寸(삼촌), 三國(삼국)

四						
넉 사						
囗 - 총 5획	丨 冂 冖 四 四					

· 四方(사방), 四寸(사촌)

五						
다섯 오						
二 - 총 4획	一 丆 五 五					

· 五感(오감), 五行(오행)

필순에 따라 한자를 써 보세요.

· 六感(육감), 六月(유월)

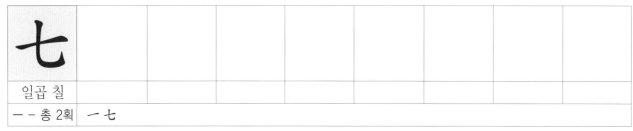

· 七夕(칠석), 七星(칠성)

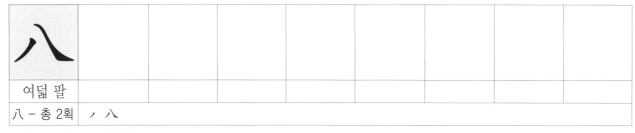

· 八道(팔도), 八月(팔월)

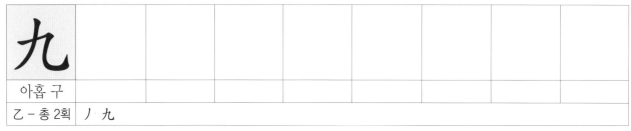

· 九死一生(구사일생)

· 十月(시월), 十中八九(십중팔구)

월   일 확인:

필순에 따라 한자를 써 보세요.

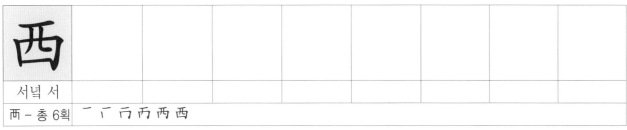

東							
동녘 동							
木 – 총 8획	⸀ ⸀ ⼞ ⼞ ⾴ 申 東 東						

· 東海(동해), 東大門(동대문)

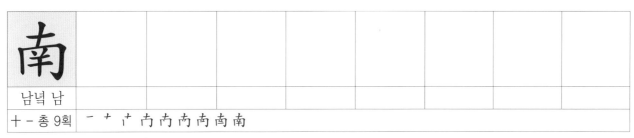

西							
서녘 서							
西 – 총 6획	⼀ ⼔ ⼔ 两 两 西						

· 西洋(서양), 西山(서산)

南							
남녘 남							
十 – 총 9획	⼀ ⼗ ⼗ 内 内 内 南 南 南						

상대 · 반의어 : 北 (북녘 북)

北							
북녘 북/달아날 배							
匕 – 총 5획	⼁ ⼐ ⼐ 圵 北						

상대 · 반의어 : 南 (남녘 남)

大							
큰 대							
大 – 총 3획	⼀ ⼤ 大						

상대 · 반의어 : 小 (작을 소)

필순에 따라 한자를 써 보세요.

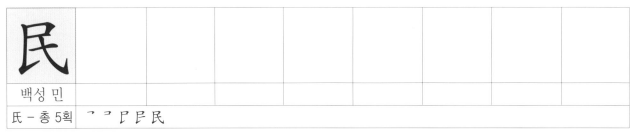

· 韓國(한국)

· 民主(민주), 民心(민심)

國

나라 국

囗 – 총 11획 ｜ 冂 冂 冃 冃 同 同 冐 國 國 國

· 國民(국민), 國家(국가)

· 女王(여왕), 女軍(여군)

軍

군사 군

車 – 총 9획 ｀ 冖 冖 宀 宀 軍 軍 軍 軍

· 軍人(군인), 軍歌(군가)

필순에 따라 한자를 써 보세요.

父						
아비 부						

父 – 총 4획   ´ ´` ク 父

· 父母(부모), 父子(부자)

母						
어미 모						

母 – 총 5획   乚 乌 乌 母 母

· 母女(모녀)   · 상대 · 반의어 : 父(아비 부)

兄						
형 형						

儿 – 총 5획   丶 冂 冂 尸 兄

· 兄弟(형제), 兄夫(형부)

弟						
아우 제						

弓 – 총 7획   丶 丷 丷 苎 苎 弟 弟

· 弟子(제자)   · 상대 · 반의어 : 兄(형 형)

外						
바깥 외						

夕 – 총 5획   ´ 夂 夕 夘 外

· 外國(외국)   · 상대 · 반의어 : 内(안 내)

필순에 따라 한자를 써 보세요.

寸						
마디 촌						
寸 – 총 3획　一 寸 寸						

· 外三寸(외삼촌)

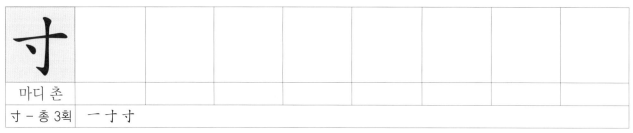

· 萬人(만인), 萬百姓(만백성)

人						
사람 인						
人 – 총 2획　ノ 人						

· 人口(인구), 人間(인간)

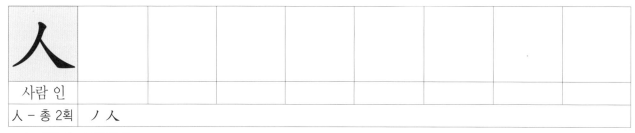

· 靑年(청년), 靑山(청산)

年						
해 년						
干 – 총 6획　ノ ┌ ⻨ ┝ 年 年						

· 少年(소년), 生年月日(생년월일)

필순에 따라 한자를 써 보세요.

學							
배울 학							

子 – 총 16획　　`丷丷ᠠᠠᠠᠠ臼臼臼臼臼與與學學學`

· 學生(학생)　　　　　· 상대 · 반의어 : 敎(가르칠 교)

校							
학교 교							

木 – 총 10획　　`一十才才才村村村校校`

· 學校(학교), 校長(교장)

長							
길 장							

長 – 총 8획　　`一ᄃᄐᄐᄐ長長長`

· 校長(교장), 長男(장남)

敎							
가르칠 교							

攵(攴) – 총 11획　　`ノメチチ差差差敎敎敎敎`

· 敎育(교육)

室							
집 실							

宀 – 총 9획　　`丶�广宀宇宇宝室室室`

· 敎室(교실)

필순에 따라 한자를 써 보세요.

中							
가운데 중							
丨 – 총 4획　丨冂口中							

· 中學生(중학생)

門							
문 문							
門 – 총 8획　丨冂冂冂冃門門門							

· 大門(대문)

先							
먼저 선							
儿 – 총 6획　丿𠂉牛先步先							

· 先生(선생)

生							
날 생							
生 – 총 5획　丿𠂉牛牛生							

· 生水(생수)

王							
임금 왕							
玉 – 총 4획　一二于王							

· 王國(왕국), 王子(왕자)

필순에 따라 한자를 써 보세요.

天								
하늘 천								
大 – 총 4획 ノ ニ チ 天								

· 天國(천국)　　　　　　　　　· 상대 · 반의어 : 地(땅 지)

地								
땅 지								
土 – 총 6획 一 十 土 土' 地 地								

· 地球(지구)　　　　　· 동음이의어 : 紙(종이 지)　　　　· 상대 · 반의어 : 天(하늘 천)

川								
내 천								
巛 – 총 3획 丿 丿| 川								

· 淸溪川(청계천)　　　　　· 동음이의어 : 天(하늘 천), 千(일천 천)

林								
수풀 림								
木 – 총 8획 一 十 オ 木 木' 村 村 林								

· 山林(산림)

江								
강 강								
氵 – 총 6획 丶 丶 氵 氵 江 江								

· 漢江(한강)　　　　　　　　　· 동음이의어 : 强(강할 강)

필순에 따라 한자를 써 보세요.

海								
바다 해								
氵- 총 10획	`丶丶氵氵汇汇海海海海							

· 海水浴場(해수욕장)   · 유의어 : 洋(큰바다 양)

村								
마을 촌								
木 - 총 7획	一十才木村村村							

· 江村(강촌)   · 동음이의어 : 寸(마디 촌)

草								
풀 초								
艹- 총 10획	一十艹艹芍芍芦草草草							

· 水草(수초)

道								
길 도								
辶- 총 13획	丶丷丷丷产产首首首道道道道							

· 道路(도로)   · 동음이의어 : 度(법도 도), 圖(그림 도)

市								
시장 시								
巾 - 총 5획	丶亠广市市							

· 市內(시내)   · 동음이의어 : 始(비로소 시), 時(때 시)

월 일 확인:

필순에 따라 한자를 써 보세요.

工								
장인 공								
工 – 총 3획	一 丁 工							

· 工具(공구) · 동음이의어 : 空(빌 공), 公(공평할 공), 共(한가지 공), 功(공 공)

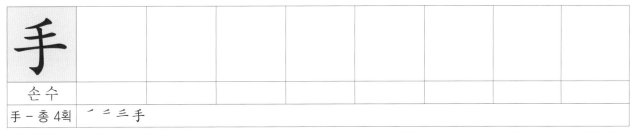

場								
마당 장								
土 – 총 12획	一 十 土 圠 圹 圽 坦 坦 垾 埸 場 場							

· 工場(공장) · 동음이의어 : 長(길 장)

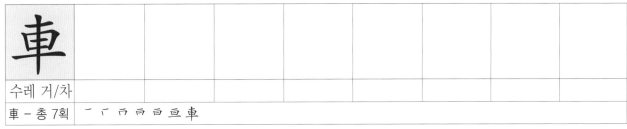

手								
손 수								
手 – 총 4획	一 二 三 手							

· 手足(수족) · 동음이의어 : 水(물 수), 數(셀 수), 樹(나무 수) · 상대 · 반의어 : 足(발 족)

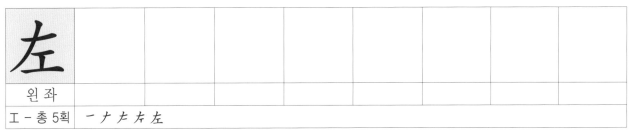

車								
수레 거/차								
車 – 총 7획	一 冂 冋 百 亘 車							

· 自動車(자동차)

左								
왼 좌								
工 – 총 5획	一 ナ 左 左 左							

· 左側通行(좌측통행) · 상대 · 반의어 : 右(오른 우)

필순에 따라 한자를 써 보세요.

右							
오른 우							
口 – 총 5획　ノ ナ オ 右 右							

· 左右(좌우)　　　　　　　· 상대 · 반의어 : 左(왼 좌)

直							
곧을 직							
目 – 총 8획　一 十 广 广 方 百 百 直							

· 直立(직립)　　　　　　　· 유의어 : 正(바를 정)

正							
바를 정							
止 – 총 5획　一 丁 下 正 正							

正門(정문)　　　　　　　· 동음이의어 : 定(정할 정)

動							
움직일 동							
力 – 총 11획　一 二 千 台 台 台 重 重 重 動 動							

· 運動(운동)　　　　　　　· 동음이의어 : 冬(겨울 동), 同(한가지 동), 東(동녘 동), 洞(고을 동), 童(아이 동)

命							
목숨 명							
口 – 총 8획　ノ 人 人 ム 合 合 命 命							

· 命令(명령)　　　　　　　· 동음이의어 : 名(이름 명), 明(밝을 명)

필순에 따라 한자를 써 보세요.

便							
똥,오줌 변/편할 편							
亻 - 총 9획　　ノ 亻 亻 亻 仴 佢 佢 便 便							

· 便宜店(편의점)

所							
바 소							
戶 - 총 8획　　丶 ㇏ ㇋ 丿 戶 戶 所 所 所							

· 便所(변소)　　　　　　　· 동음이의어 : 小(작을 소), 少(적을 소), 消(사라질 소)

前							
앞 전							
刂 - 총 9획　　丶 丷 丷 产 广 广 前 前 前							

· 前後(전후)　　　　　　　· 동음이의어 : 全(온전할 전), 戰(싸움 전), 電(번개 전)

後							
뒤 후							
彳 - 총 9획　　ノ ㇒ 彳 彳 彳 㣟 㣟 後 後							

· 後門(후문)　　　　　　　· 상대 · 반의어 : 前(앞 전)

出							
나갈 출							
凵 - 총 5획　　丨 屮 屮 出 出							

· 出入(출입)　　　　　　　· 상대 · 반의어 : 入(들어갈 입)

필순에 따라 한자를 써 보세요.

入					
들어갈 입					
入 – 총 2획	ノ 入				

· 入口(입구)   · 상대 · 반의어 : 出(나갈 출)

話					
말씀 화					
言 – 총 13획	` ㅗ ㅗ ㅌ 言 言 言 訂 訐 訐 話 話 話				

· 對話(대화)   · 동음이의어 : 火(불 화), 花(꽃 화)   · 유의어 : 言(말씀 언), 語(말씀 어)

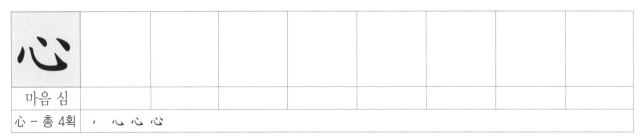

心					
마음 심					
心 – 총 4획	` ㅅ 心 心 心				

· 童心(동심)   · 상대 · 반의어 : 身(몸 신)

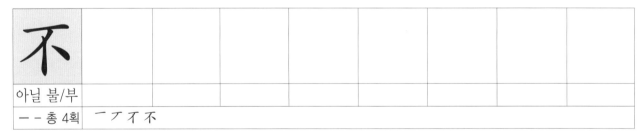

不					
아닐 불/부					
一 – 총 4획	一 ア 不 不				

· 不足(부족)

紙					
종이 지					
糸 – 총 10획	' 幺 幺 幺 糸 糸 糸 紅 紙 紙 紙				

· 休紙(휴지)   · 동음이의어 : 地(땅 지)

필순에 따라 한자를 써 보세요.

少							
적을/젊을 소							

小 – 총 4획   ⅃ ⅃ 小 少

· 多少(다소)　　　　　　　　· 상대 · 반의어 : 多(많을 다), 老(늙을 로)

時							
때 시							

日 – 총 10획   ㅣ 冂 日 日 日 日 昨 昨 時 時

· 時間(시간)　　　　　　　　· 동음이의어 : 市(시장 시), 始(비로소 시)

老							
늙을 로/노							

老 – 총 6획   一 十 土 耂 耂 老

· 敬老(경로)　　　　　　　　· 상대 · 반의어 : 少(젊을 소)

口							
입 구							

口 – 총 3획   ㅣ 冂 口

· 入口(입구)　　　　　　　　· 동음이의어 : 九(아홉 구), 區(구분할 구), 球(공 구)

每							
매양/늘 매							

毋 – 총 7획   ノ ㇒ 仁 듁 每 每 每

· 每年(매년)

171

월   일 확인:

필순에 따라 한자를 써 보세요.

食
먹을 식
食 – 총 9획   丿 人 へ 今 今 今 食 食 食

· 食事(식사)　　　　　　　· 동음이의어 : 式(법 식), 植(심을 식)

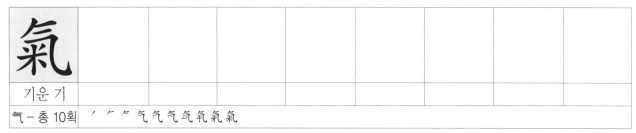

活
살 활
氵 – 총 9획   丶 氵 氵 汗 汗 汗 活 活

· 生活(생활)　　　　　　　· 상대 · 반의어 : 死(죽을 사)

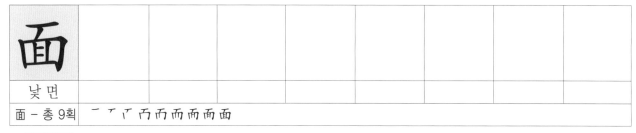

氣
기운 기
气 – 총 10획   丿 气 气 气 气 气 氛 氣 氣 氣

· 活氣(활기)　　　　　　　· 동음이의어 : 旗(깃발 기), 記(기록할 기)

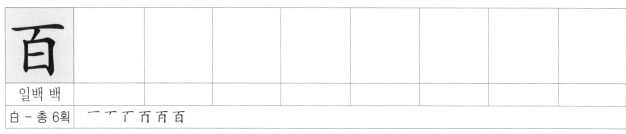

面
낯 면
面 – 총 9획   一 厂 厂 丙 而 而 面 面 面

· 假面(가면)

百
일백 백
白 – 총 6획   一 丆 ア 万 百 百

· 百戰百勝(백전백승)　　　　· 동음이의어 : 白(흰 백)

172

7급 한자 복습

필순에 따라 한자를 써 보세요.

空							
빌 공							
穴 – 총 8획	` 丶 宀 宀 空 空 空 空						

· 空軍(공군)　　　　　　　　· 동음이의어 : 工(장인 공), 公(공변될 공), 共(함께 공), 功(일/공 공)

間							
사이 간							
門 – 총 12획	丨 冂 冂 冃 冃 門 門 門 門 問 問 間						

· 間食(간식)

足							
발 족							
足 – 총 7획	丨 口 口 曱 乲 足 足						

· 不足(부족)　　　　　　　　· 상대·반의어 : 手(손 수)

內							
안 내							
入 – 총 4획	丨 冂 冄 內						

· 內衣(내의)　　　　　　　　· 상대·반의어 : 外(바깥 외)

方							
모 방							
方 – 총 4획	丶 亠 方 方						

· 四方(사방)　　　　　　　　· 동음이의어 : 放(놓을 방)

173

필순에 따라 한자를 써 보세요.

住

머무를/살 주

イ－총 7획   ノ イ イ 仁 仟 住 住

· 住民(주민)　　　　　· 동음이의어 : 主(주인 주)

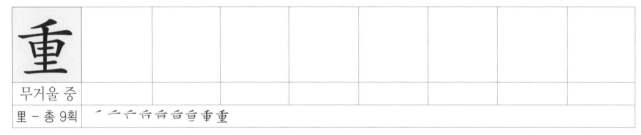

有

있을/가질 유

月－총 6획   ノ ナ オ 有 有 有

· 有明(유명)

重

무거울 중

里 － 총 9획   ノ 二 千 斤 台 台 重 重 重

· 重力(중력)　　　　　· 동음이의어 : 中(가운데 중)

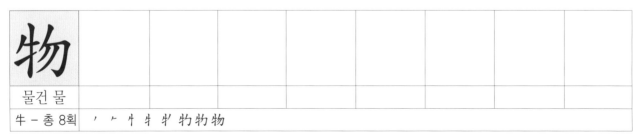

物

물건 물

牛 － 총 8획   ノ ー 牛 牛 牛 牧 物 物

· 動物(동물)

同

한가지 동

口 － 총 6획   l 冂 冂 同 同 同

· 同名異人(동명이인)　　　　· 동음이의어 : 冬(겨울 동), 東(동녘 동), 動(움직일 동), 童(아이 동)

필순에 따라 한자를 써 보세요.

春							
봄 춘							
日 – 총 9획　一 二 三 声 夫 未 春 春 春							

· 一場春夢(일장춘몽)　　　　　　· 상대 · 반의어 : 秋(가을 추)

夏							
여름 하							
夊 – 총 10획　一 丆 广 帀 亐 百 百 盲 夏 夏							

· 春夏秋冬(춘하추동)　　　　　　· 상대 · 반의어 : 冬(겨울 동)

秋							
가을 추							
禾 – 총 9획　一 二 千 禾 禾 禾 禾 秒 秋							

· 秋夕(추석)　　　　　　· 상대 · 반의어 : 春(봄 춘)

冬							
겨울 동							
冫 – 총 5획　丿 夂 夂 冬 冬							

· 冬眠(동면)　　　　　　· 동음이의어 : 同(한가지 동), 東(동녘 동), 洞(고을 동), 動(움직일 동), 童(아이 동)

花							
꽃 화							
艹 – 총 8획　一 十 艹 艹 芢 花 花 花							

· 花草(화초)　　　　　　· 동음이의어 : 火(불 화), 和(화합할 화), 畵(그림 화), 말씀 話(말씀 화)

175

월   일 확인: _ _ _ _ _ _ _ _ _ _ _ _ _ _ _ _ _ _ _

필순에 따라 한자를 써 보세요.

然							
그럴 연							
灬－총 12획	ノ ク タ タ 夕 夗 夘 伏 狄 狄 然 然 然						

· 自然(자연)

電							
번개 전							
雨－총 13획	一 一 一 一 一 雨 雨 雨 雨 雷 雷 雷 電						

· 電話(전화)　　　　　· 동음이의어 : 全(온전할 전), 前(앞 전), 戰(싸움 전)

色							
빛 색							
色－총 6획	ノ ク ク 缶 刍 色						

· 靑色(청색)

農							
농사 농							
辰－총 13획	丶 冂 曰 由 曲 曲 曲 芦 芦 芦 農 農 農						

· 農村(농촌)

休							
쉴 휴							
亻－총 6획	ノ 亻 亻 仁 什 休 休						

· 休日(휴일)

월 일 확인:

필순에 따라 한자를 써 보세요.

男								
사내 남								
田 – 총 7획	丶 冂 冂 冊 田 男 男							

· 男子(남자) · 동음이의어 : 南(남녘 남) · 상대 · 반의어 : 女(계집 녀)

子								
아들 자								
子 – 총 3획	㇇ 了 子							

· 子女(자녀) · 동음이의어 : 自(스스로 자), 字(글자 자), 者(놈 자)

力								
힘 력								
力 – 총 2획	㇆ 力							

· 重力(중력)

事								
일 사								
亅 – 총 8획	一 丆 戸 戸 写 写 写 事							

· 家事(가사) · 동음이의어 : 四(넉 사), 死(죽을 사), 使(부릴 사), 社(모일 사)

自								
스스로 자								
自 – 총 6획	′ 亻 白 白 自 自							

· 自信(자신) · 동음이의어 : 子(아들 자), 字(글자 자), 者(놈 자)

필순에 따라 한자를 써 보세요.

祖
할아버지 조
示 - 총 10획   ⌐ ⌐ 礻 礻 礻 礻 祖 祖 祖 祖

· 祖上(조상)   · 동음이의어 : 朝(아침 조)   · 상대 · 반의어 : 孫(손자 손)

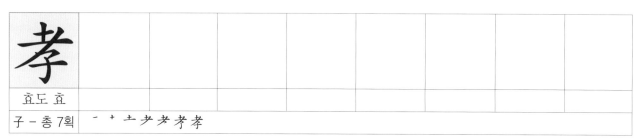

孝
효도 효
子 - 총 7획   ¬ 十 土 耂 耂 孝 孝

· 孝道(효도)

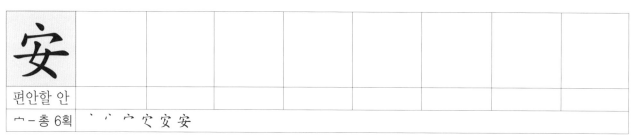

安
편안할 안
宀 - 총 6획   ﾞ ﾞ 宀 宁 安 安

· 便安(편안)

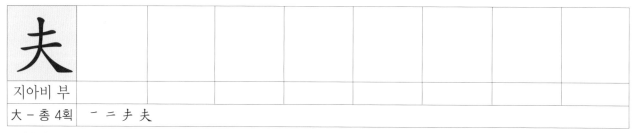

夫
지아비 부
大 - 총 4획   ¬ 二 尹 夫

· 夫婦(부부)   · 동음이의어 : 部(거느릴 부), 父(아비 부)

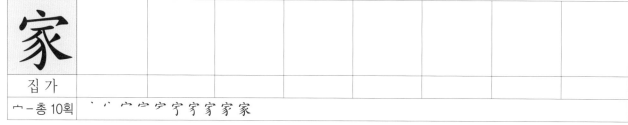

家
집 가
宀 - 총 10획   ﾞ ﾞ 宀 宁 宇 宇 宇 家 家 家

· 家門(가문)   · 동음이의어 : 歌(노래 가)   · 유의어 : 室(집 실)

필순에 따라 한자를 써 보세요.

主							
주인 주							
丶 - 총 5획	`丶 亠 二 主 主`						

· 主人(주인)   · 동음이의어 : 住(살 주), 注(물댈 주), 晝(낮 주)

植							
심을 식							
木 - 총 12획	`一 十 才 木 朴 杧 枦 枏 柿 柿 植 植`						

· 植木日(식목일)   · 동음이의어 : 式(법 식), 食(먹을 식)

育							
기를 육							
月(肉) - 총 8획	`丶 亠 云 夳 产 育 育 育`						

· 敎育(교육)

千							
일천 천							
十 - 총 3획	`丿 二 千`						

· 千軍萬馬(천군만마)   · 동음이의어 : 川(내 천), 天(하늘 천)

午							
낮 오							
十 - 총 4획	`丿 ㇒ 二 午`						

· 正午(정오)   · 동음이의어 : 五(다섯 오)

필순에 따라 한자를 써 보세요.

夕							
저녁 석							

夕 - 총 3획　　ノ　ク　夕

· 夕刊(석간)　　　　　　　· 동음이의어 : 石(돌 석), 席(자리 석)

數							
셀 수							

攵 - 총 15획　　丶 口 尹 日 尹 吕 吕 甬 婁 婁 婁 嫐 嫐 數 數

· 數學(수학)　　　　　　　· 동음이의어 : 水(물 수), 手(손 수), 樹(나무 수)

算							
계산할 산							

竹 - 총 14획　　ノ ト ケ ゲ ゲ ゲゲ ゲゲ 筲 筲 筲 算 算 算

· 算數(산수)　　　　　· 동음이의어 : 山(뫼 산)　　　· 유의어 : 計(계산할 계)

問							
물을 문							

口 - 총 11획　　丨 冂 冂 冂 冃 冃 門 門 門 問 問

· 問答(문답)　　　· 동음이의어 : 文(글월 문), 門(문 문), 聞(들을 문)　　　· 상대 · 반의어 : 答(대답할 답)

答							
대답할 답							

竹 - 총 12획　　ノ ト ケ ゲ ゲ ゲゲ ゲゲ 欠 欠 攵 答 答

· 對答(대답)　　　　　　　· 상대 · 반의어 : 問(물을 문)

월   일 확인:

필순에 따라 한자를 써 보세요.

漢							
한나라 한							
氵- 총 14획	`丶 丶 氵 氵 汴 汁 汸 堇 堇 堇 堇 漢 漢`						

· 漢字(한자)   · 동음이의어 : 韓(나라 한)

立							
설 립							
立 - 총 5획	`丶 二 亠 立 立`						

· 建立(건립)

登							
오를 등							
癶 - 총 12획	`フ ヲ ヺ ヺ 癶 癶 癶 巻 巻 巻 登 登`						

· 登山(등산)   · 동음이의어 : 等(무리 등)

邑							
고을 읍							
邑 - 총 7획	`丶 ㅁ ㅁ 므 吕 吕 邑`						

· 邑内(읍내)   · 유의어 : 洞(고을 동)

上							
윗 상							
一 - 총 3획	`丨 丄 上`						

· 天上天下(천상천하)   · 상대 · 반의어 : 下(아래 하)

필순에 따라 한자를 써 보세요.

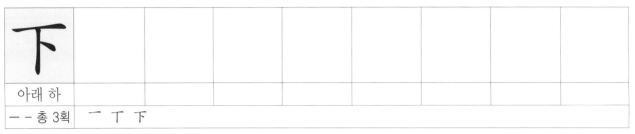

· 地下(지하)   · 동음이의어 : 夏(여름 하)   · 상대 · 반의어 : 上(윗 상)

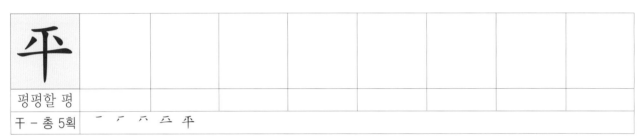

· 平行(평행)

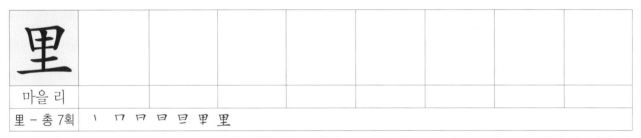

· 里長(이장)   · 동음이의어 : 利(이로울 리), 李(오얏 리), 理(다스릴 리)   · 유의어 : 村(마을 촌)

· 洞事務所(동사무소)   · 동음이의어 : 東(동녘 동), 冬(겨울 동), 同(한가지 동), 動(움직일 동), 童(아이 동)

· 國旗(국기)   · 동음이의어 : 氣(기운 기), 記(기록할 기)

필순에 따라 한자를 써 보세요.

姓							
성 성							

女 – 총 8획 ㄴ ㄥ ㄥ 女 女 姓 姓 姓

· 姓氏(성씨)　　　　　　　　　· 동음이의어 : 成(이룰 성), 省(살필 성)

名							
이름 명							

口 – 총 6획 ノ ク ク タ 名 名

· 姓名(성명)　　　　　　　　　· 동음이의어 : 命(목숨 명), 明(밝을 명)

文							
글월 문							

文 – 총 4획 ㄟ ㄧ ナ 文

· 文身(문신)　　　　　　　　　· 유의어 : 章(글 장)

語							
말씀 어							

言 – 총 14획 ㄟ ㄧ ㅡ 言 言 言 言 訂 訂 語 語 語 語 語

· 國語(국어)　　　　　　　　　· 유의어 : 言(말씀 언), 話(말씀 화)

歌							
노래 가							

欠 – 총 14획 ㄧ ㄱ ㄱ 可 可 可 哥 哥 哥 哥 歌 歌 歌

· 歌手(가수)　　　　　　　　　· 동음이의어 : 家(집 가)

183

월   일 확인: _____

필순에 따라 한자를 써 보세요.

字							
글자 자							
子 - 총 6획	` ´ 宀 宀 字 字						

· 文字(문자)　　　　　　　　· 동음이의어 : 子(아들 자), 自(스스로 자), 者(놈 자)

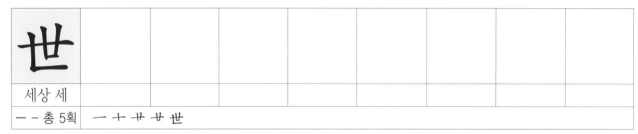

記							
기록할 기							
言 - 총 10획	` 一 亠 亖 亖 言 言 訂 訂 記						

· 日記(일기)　　　　　　　　· 동음이의어 : 旗(깃발 기). 氣(기운 기)

世							
세상 세							
一 - 총 5획	一 十 廿 廿 世						

· 世上(세상)

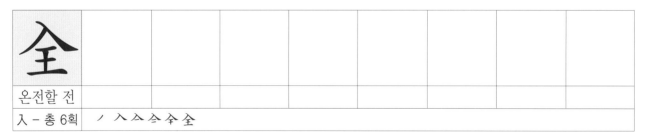

全							
온전할 전							
入 - 총 6획	ノ 入 스 仐 仝 全						

· 安全(안전)　　　　　　　　· 동음이의어 : 前(앞 전), 戰(싸움 전), 電(번개 전)

來							
올 래							
人 - 총 8획	一 厂 厂 刃 刃 來 來 來						

· 來日(내일)

필순에 따라 한자를 써 보세요.

角							
뿔 각							

角 – 총 7획 角 角 角 角 角 角 角

· 角度(각도)

各							
각각 각							

口 – 총 6획 各 各 各 各 各 各

· 各色(각색)

界							
경계 계							

田 – 총 9획 界 界 界 界 界 界 界 界 界

· 世界(세계)

計							
계산할 계							

言 – 총 9획 計 計 計 計 計 計 計 計 計

· 計算(계산)

高							
높을 고							

高 – 총 10획 高 高 高 高 高 高 高 高 高 高

· 高速(고속)   상대 · 반의어 : 低(낮을 저)

월   일 확인:

필순에 따라 한자를 써 보세요.

公						
공변될 공						
八 – 총 4획	公 八 公 公					

· 公正(공정)

功						
공/일 공						
力 – 총 5획	功 功 功 功 功					

· 成功(성공)

共						
함께 공						
八 – 총 6획	共 共 共 共 共 共					

· 共用(공용)

科						
과목 과						
禾 – 총 9획	科 科 科 科 科 科 科 科 科					

· 科目(과목)

果						
과실 과						
木 – 총 8획	果 果 果 果 果 果 果 果					

· 果樹園(과수원)

월   일   확인: _____

필순에 따라 한자를 써 보세요.

光							
빛 광							
ノ L – 총 6획	ノ L 가 光 光 光						

· 光線(광선)　　　　　　　　　　상대 · 반의어 : 暗(어두울 암)

球							
공 구							
王/玉 – 총 11획	球 球 球 球 球 球 球 球 球 球 球						

· 電球(전구)

今							
이제 금							
人 – 총 4획	ノ 今 今 今						

· 今年(금년)　　　　　　　　　　상대 · 반의어 : 古(옛 고)

急							
급할 급							
心 – 총 9획	急 急 急 急 急 急 急 急 急						

· 危急(위급)

短							
짧을 단							
矢 – 총 12획	短 短 短 短 短 短 短 短 短 短 短 短						

· 長短(장단)

월   일 확인:

필순에 따라 한자를 써 보세요.

堂								
집 당								
土 - 총 11획	堂堂堂堂堂堂堂堂堂堂堂							

· 食堂(식당)

代								
대신할 대								
亻 - 총 5획	代代代代代							

· 代表(대표)

對								
대할 대								
寸 - 총 14획								

· 對答(대답)

圖								
그림 도								
囗 - 총 14획	圖圖圖圖圖圖圖圖圖圖圖圖圖圖							

· 地圖(지도)

讀								
읽을 독								
言 - 총 22획								

· 讀書(독서)

필순에 따라 한자를 써 보세요.

童						
아이 동						
立 – 총 12획	童 童 童 童 童 童 童 童 童 童 童 童					

· 童話(동화)

等						
무리 등						
竹 – 총 12획	等 等 等 等 等 等 等 等 等 等 等 等					

· 等級(등급)

樂						
즐거울 락, 음악 악, 좋아할 요						
木 – 총 15획	樂 樂 樂 樂 樂 樂 樂 樂 樂 樂 樂 樂 樂 樂 樂					

· 音樂(음악)

理						
다스릴 리						
王/玉 – 총 11획	理 理 理 理 理 理 理 理 理 理 理					

· 理由(이유)

利						
이로울 리						
刂 – 총 7획	利 利 利 利 利 利 利					

· 便利(편리)

필순에 따라 한자를 써 보세요.

明							
밝을 명							
日 – 총 8획　丨 丌 刖 日 䪤 明 明 明							

· 明堂(명당)

聞							
들을 문							
耳 – 총 14획　丨 丨 丨 丨 门 門 門 門 門 閂 閂 閗 閏 聞							

· 新聞(신문)

反							
돌이킬 반							
又 – 총 4획　反 反 反 反							

· 反省(반성)

半							
반 반							
十 – 총 5획　半 半 半 半 半							

· 折半(절반)

班							
나눌 반							
王/玉 – 총 10획　班 班 班 班 班 班 班 班 班							

· 班長(반장)

월   일   확인:

필순에 따라 한자를 써 보세요.

發							
필 발							
癶 – 총 12획	﹀ ﹀ 癶 癶 癶 癶 發 發 發 發 發 發						

· 發射(발사)

放							
놓을 방							
攵 – 총 8획	放 放 亠 放 放 放 放 放						

· 放飼(방사)

部							
거느릴 부							
阝/邑– 총 11획	部 部 部 部 亠 咅 咅 咅 咅 部 部						

· 部署(부서)

分							
나눌 분							
刀 – 총 4획	分 分 分 分						

· 區分(구분)

社							
모일 사							
示 – 총 8획	社 社 社 社 社 示 社 社						

· 會社(회사)

필순에 따라 한자를 써 보세요.

書								
책 / 글 서								
日 – 총 10획	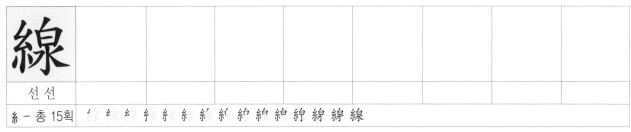							

· 書店(서점)

線								
선 선								
糸 – 총 15획	線 線 線 糸 糸 線 線 絲 絈 線 絈 綽 綠 線 線							

· 曲線(곡선)

雪								
눈 설								
雨 – 총 11획	雪 雪 雪 雪 雪 雪 雪 雪 雪 雪 雪							

· 雪花(설화)

成								
이룰 성								
戈 – 총 7획	成 成 成 成 成 成 成							

· 成功(성공)

省								
살필 성/ 덜 생								
目 – 총 9획	省 省 省 少 少 省 省 省 省							

· 省察(성찰)

필순에 따라 한자를 써 보세요.

消					
사라질 소					

氵/水- 총 10획　消 消 消 消 消 消 消 消 消 消

· 消火器(소화기)

術					
재주 술					

行 - 총 11획　

· 美術(미술), 魔術(마술)

始					
비로소 시					

女 - 총 8획　始 始 始 始 始 始 始 始

· 原始人(원시인)

信					
믿을 신					

亻/人- 총 9획　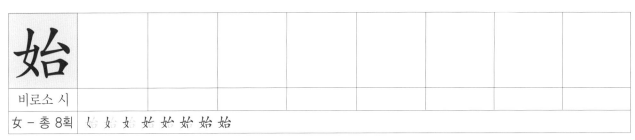

· 信義(신의), 書信(서신)

身					
몸 신					

身 - 총 7획　身 身 身 身 身 身 身

· 身長(신장), 身體(신체)

필순에 따라 한자를 써 보세요.

新							
새로울 신							
斤 – 총 13획	新新新新新新新新新新新新新

· 新入(신입)

神							
신 신							
示 – 총 10획	神神神神神神神神神神

· 鬼神(귀신), 神童(신동)

弱							
약할 약							
弓 – 총 10획	弱弱弱弱弱弱弱弱弱弱

· 弱小國(약소국)　　　　　　상대 · 반의어 : 强(강할 강)

藥							
약 약							
⧺ – 총 19획	藥藥藥藥藥藥藥藥藥藥藥藥藥藥藥藥藥藥藥

· 藥局(약국), 藥草(약초)

業							
일 업							
木 – 총 13획	業業業業業業業業業業業業業

· 事業(사업)

필순에 따라 한자를 써 보세요.

勇							
용감할 용							
力 – 총 9획	勇勇勇勇勇勇勇勇勇						

· 勇氣(용기)

用							
쓸 용							
用 – 총 5획	用 用 用 用 用						

· 所用(소용)

運							
움직일 운							
辶 – 총 13획	運運運運運運運運運運運運運						

· 運轉(운전) · 幸運(행운)

音							
소리 음							
音 – 총 9획	音音音音音音音音音						

· 高音(고음) · 讀音(독음)

飮							
마실 음							
食 – 총 13획	飮飮飮飮飮飮飮飮飮飮飮飮飮						

· 飮食(음식)

필순에 따라 한자를 써 보세요.

意							
뜻 의							
心 – 총 13획	意意意意意意音音音意意意						

· 意志(의지) · 合意(합의)

昨							
어제 작							
示 – 총 10획	昨昨昨昨昨昨昨昨昨						

· 昨年(작년)

作							
지을 작							
人 – 총 7획	作作作作作作作						

· 作家(작가)　　　　　　　　동음이의어 : 昨(어제 작)

才							
재주 재							
才 – 총 3획	才才才						

· 天才(천재)

戰							
싸울 전							
戈 – 총 16획	戰戰戰戰戰戰戰戰戰戰戰單戰戰戰戰						

· 戰爭(전쟁)

필순에 따라 한자를 써 보세요.

庭							
뜰 정							
广 – 총 10획　庭庭庭庭庭庭庭庭庭庭							

· 校庭(교정)　　　　　　　　　　　동음이의어 : 正(바를 정), 定(정할 정)

第							
차례 제							
竹 – 총 11획　第第第第第第第第第第第							

· 第一(제일)

題							
제목 제							
頁 – 총 18획　題題題題題題題題題題題題題題題題題題							

· 主題(주제)　　　　　　　　　　　동음이의어 : 弟(아우 제), 第(차례 제)

注							
물댈 주							
水 – 총 8획　注注注注注注注注							

· 注目(주목)　　　　　　　　　　　동음이의어 : 主(주인 주), 住(살 주), 晝(낮 주)

集							
모일 집							
隹 – 총 12획　集集集集集集集集集集集集							

· 集會(집회)

필순에 따라 한자를 써 보세요.

窓								
창 창								
穴 – 총 11획	窓窓窓窓窓窓窓窓窓窓窓							

· 窓口(창구)

淸								
맑을 청								
水 – 총 11획	淸淸淸淸淸淸淸淸淸淸淸							

· 食堂(식당)

體								
몸 체								
骨 – 총 23획	體體體體體體體體體體體體體體體體體體體體體體體							

· 體育(체육)

表								
겉 표								
衣 – 총 8획	表表表表表表表表							

· 表示(표시) · 表面(표면)

風								
바람 풍								
風 – 총 9획	風風風風風風風風風							

· 風車(풍차) · 風聞(풍문)

필순에 따라 한자를 써 보세요.

幸								
다행 행								
干 - 총 8획	幸 幸 幸 幸 幸 幸 幸 幸							

· 多幸(다행) · 不幸(불행)

現								
이제/나타날 현								
王/玉 - 총 11획	現 現 現 現 現 現 現 現 現 現 現							

· 現在(현재)

形								
드러날 형								
彡 - 총 7획	形 形 形 形 形 形 形							

· 形體(형체) · 形式(형식)　　　　　　동음이의어 : 兄(형 형)

和								
화합할 화								
口 - 총 8획	和 和 和 和 和 和 和 和							

· 和睦(화목) · 和答(화답)　　　　　　동음이의어 : 火(불 화), 花(꽃 화), 畵(그림 화)

會								
모일 회								
日 - 총 13획	會 會 會 會 會 會 會 會 會 會 會 會 會							

· 會話(회화)

필순에 따라 한자를 써 보세요.

感							
느낄 감							
心 – 총 13획	ノ 厂 厂 斤 斤 后 咸 咸 咸 咸 感 感 感						

· 感情(감정)

强							
강할 강							
弓 – 총 12획	强 强 弓 弓 弘 弘 弘 强 强 强 强 强						

상대 · 반의어 : 弱(약할 약)

開							
열 개							
門 – 총 12획	丨 冂 冂 冂 冃 冃 門 門 門 閂 開 開						

상대 · 반의어 : 閉(닫을 폐)

京							
서울 경							
亠 – 총 8획	京 京 京 京 京 亨 亨 京						

· 上京(상경)   상대 · 반의어 : 鄕(시골 향)

苦							
쓸 고							
艹 – 총 9획	苦 苦 苦 苦 苦 苦 苦 苦 苦						

· 苦難(고난)

필순에 따라 한자를 써 보세요.

古								
옛 고								

口 - 총 5획 古 古 古 古 古

· 古宮(고궁)   상대 · 반의어 : 今(이제 금)

交								
사귈 교								

亠 - 총 6획 交 交 交 交 交 交

· 外交(외교)

區								
구역 구								

匚 - 총 11획 區 區 區 區 區 區 區 區 區 區 區

· 區廳(구청)

郡								
고을 군								

阝 - 총 10획 郡 郡 郡 尹 君 君 君 郡 郡 郡

· 郡守(군수)

根								
뿌리 근								

木 - 총 10획 根 根 根 根 根 根 根 根 根

· 根本(근본)

필순에 따라 한자를 써 보세요.

近							
가까울 근							
辶 – 총 8획	近近近近近近近近						

· 最近(최근)　　　　　　　　　　　상대 · 반의어 : 遠(멀 원)

級							
등급 급							
糸 – 총 10획	級級級級級級級級級級						

· 學級(학급)

多							
많을 다							
夕 – 총 6획	多多多多多多						

· 多讀(다독)　　　　　　　　　　　상대 · 반의어 : 少(적을 소)

待							
기다릴 대							
彳 – 총 9획	待待待待待待待待待						

· 待合室(대합실)

度							
법도 도, 잴 탁							
广 – 총 9획	度度度度度度度度度						

· 溫度(온도)

필순에 따라 한자를 써 보세요.

頭								
머리 두								
頁 – 총 16획	頭 頭 頭 頭 頭 頭 頭 頭 頭 頭 頭 頭 頭 頭 頭 頭							

· 先頭(선두)

例								
법식 례/예								
亻 – 총 8획	例 例 例 例 例 例 例 例							

· 事例(사례)

禮								
예도 례/예								
示 – 총 18획	禮 禮 禮 禮 禮 禮 禮 禮 禮 禮 禮 禮 禮 禮 禮 禮 禮 禮							

· 禮儀(예의)

路								
길 로								
足 – 총 13획	路 路 路 路 路 路 路 路 路 路 路 路 路							

· 道路(도로)

綠								
푸를 록/녹								
糸 – 총 14획	綠 綠 綠 綠 綠 綠 綠 綠 綠 綠 綠 綠 綠 綠							

· 常綠樹(상록수)

필순에 따라 한자를 써 보세요.

李								
오얏 리								
木 – 총 7획	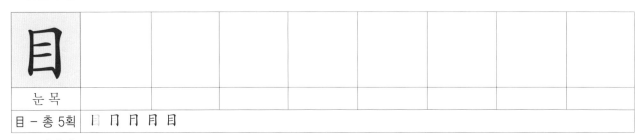							

· 李氏(이씨)

目								
눈 목								
目 – 총 5획	目 冂 月 月 目							

· 題目(제목)

米								
쌀 미								
米 – 총 6획	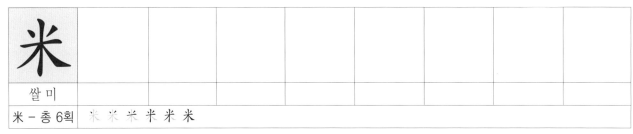							

· 米飮(미음)

美								
아름다울 미								
羊 – 총 9획	美 美 美 美 美 美 美 美 美							

· 美人(미인)

朴								
성 박								
木 – 총 6획	朴 朴 朴 朴 朴 朴							

· 朴氏(박씨)

필순에 따라 한자를 써 보세요.

番								
차례 번								
田 – 총 12획	丿 千 千 千 乎 乎 采 来 番 番 番 番							

· 番號(번호)

別								
다를 별								
刂 – 총 7획	別 別 別 別 別 別 別							

· 區別(구별)

病								
병 병								
疒 – 총 10획	病 病 广 广 疒 病 病 病 病 病							

· 病院(병원), 疾病(질병)

服								
옷 복								
月 – 총 8획	服 服 服 服 服 服 服 服							

· 洋服(양복)

本								
근본 본								
木 – 총 5획	本 十 木 木 本							

· 本土(본토)

필순에 따라 한자를 써 보세요.

使								
부릴 사								
イ /人 – 총 8획	使 使 使 使 使 使 使 使							

· 使用(사용)

死								
죽을 사								
歹 – 총 6획	死 死 死 死 死 死							

· 九死一生(구사일생)　　　　　　　　상대 · 반의어 : 活(살 활), 生(날 생)

石								
돌 석								
石 – 총 5획	石 石 石 石 石							

· 碑石(비석)

席								
자리 석								
广 – 총 10획	席 席 席 席 席 席 席 席 席 席							

· 座席(좌석)

速								
빠를 속								
辶 – 총 11획	速 速 速 速 速 速 速 速 速 速 速							

· 速度(속도), 高速(고속)

필순에 따라 한자를 써 보세요.

孫							
손자 손							
子 – 총 10획	孫 了 子 孑 孫 孫 孫 孫 孫 孫						

· 孫子(손자)　　　　　　　　상대 · 반의어 : 祖(할아버지 조)

樹							
나무 수							
木 – 총 16획	樹 十 十 ォ 村 村 村 枯 枯 植 植 植 植 樹 樹						

· 植樹(식수)

習							
익힐 습							
羽 – 총 11획	習 習 習 習 習 習 習 習 習 習						

· 鍊習(연습)

勝							
이길 승							
力 – 총 12획	勝 月 月 月 朕 朕 朕 朕 勝 勝						

· 勝利(승리), 百戰百勝(백전백승)

式							
법 식							
弋 – 총 6획	式 式 式 式 式 式						

· 禮式(예식)

필순에 따라 한자를 써 보세요.

失							
잃을 실							

大 – 총 5획　失 仁 仁 失 失

· 失職(실직), 失手(실수)

愛							
사랑 애							

心 – 총 13획　愛 愛 愛 愛 愛 愛 愛 愛 愛 愛 愛 愛 愛

· 愛國(애국), 愛情(애정)

野							
들 야							

里 – 총 11획　野 野 野 野 野 野 野 野 野 野 野

· 野山(야산), 野球(야구)

夜							
밤 야							

夕 – 총 8획　夜 夜 夜 夜 夜 夜 夜 夜

· 夜間(야간)　　　　　　　　상대 · 반의어 : 晝(낮 주)

洋							
큰바다 양							

氵/水 – 총 4획　洋 洋 洋 洋 洋 洋 洋 洋 洋

· 西洋(서양)

필순에 따라 한자를 써 보세요.

陽							
볕 양							
β – 총 12획	陽 陽 陽 陽 陽 陽 陽 陽 陽 陽 陽 陽						

· 夕陽(석양), 陽地(양지)

言							
말씀 언							
言 – 총 7획	言 言 言 言 言 言 言						

· 言行(언행)

英							
꽃부리 영							
++ – 총 9획	英 英 英 英 英 英 英 英 英						

· 英才(영재)

永							
길 영							
水 – 총 5획	永 永 永 永 永						

· 永遠(영원)

溫							
따뜻할 온							
氵/水 – 총 13획	溫 溫 溫 溫 溫 溫 溫 溫 溫 溫 溫 溫 溫						

· 溫水(온수), 溫度(온도)

필순에 따라 한자를 써 보세요.

園								
동산 원								

口 – 총 13획   l 冂 冂 冂 冃 冃 周 周 周 園 園 園 園

· 庭園(정원) · 公園(공원)

遠								
멀 원								

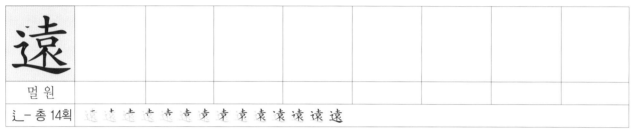

辶 – 총 14획

· 遠大(원대)   상대 · 반의어 : 近(가까울 근)

由								
말미암을 유								

田 – 총 5획   l 冂 白 由 由

· 理由(이유) · 由來(유래)   동음이의어 : 有(있을 유), 油(기름 유)

油								
기름 유								

氵/水 – 총 8획   油 油 油 油 油 油 油 油

· 精油(정유) · 注油所(주유소)

銀								
은 은								

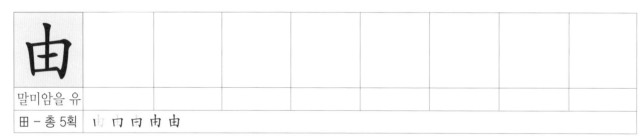

金 – 총 14획

· 銀行(은행)

필순에 따라 한자를 써 보세요.

醫							
의원 의							

酉 – 총 18획

· 醫師(의사)　　　　　　　　　　　동음이의어 : 意(뜻 의), 衣(옷 의)

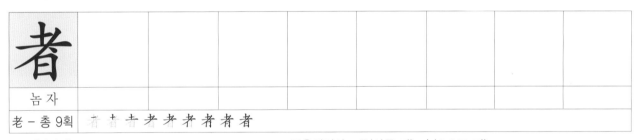

衣							
옷 의							

衣 – 총 6획

· 衣服(의복)

者							
놈 자							

老 – 총 9획

· 記者(기자)　　　　　　　　　　　동음이의어 : 子(아들 자), 自(스스로 자)

章							
글 장							

立 – 총 11획

· 圖章(도장)　　　　　　　　　　　동음이의어 : 長(길 장), 場(마당 장)

在							
있을 재							

土 – 총 6획

· 現在(현재) · 在學(재학)　　　　　　동음이의어 : 才(재주 재)

필순에 따라 한자를 써 보세요.

定							
정할 정							
宀 – 총 8획	定定定定宀定定定						

· 安定(안정)

朝							
아침 조							
月 – 총 12획	朝朝朝肖肖肖車車朝朝朝朝						

· 朝夕(조석)   상대 · 반의어 : 夕(저녁 석)

族							
겨레 족							
方 – 총 11획	族族族族族族族族族族族						

· 家族(가족)   동음이의어 : 足(발 족)

晝							
낮 주							
日 – 총11획	晝晝晝晝晝晝晝晝晝晝晝						

· 晝間(주간)   상대 · 반의어 : 夜(밤 야)

親							
친할 친							
見 – 총 16획	親親親親親親親親親親親親親親親親						

· 親舊(친구) · 親庭(친정)

필순에 따라 한자를 써 보세요.

太								
클 태								
大 – 총 4획	一 ナ 大 太							

· 太陽(태양)

通								
통할 통								
辶 – 총 11획	通 通 甬 甬 甬 甬 通 通 通 通							

· 通話(통화) · 通路(통로)

特								
특별할 특								
牛 – 총 10획	特 特 特 特 特 特 特 特 特 特							

· 特別(특별)

合								
합할 합								
口 – 총 6획	合 合 合 合 合 合							

· 合計(합계)

行								
행할 행								
行 – 총 6획	行 行 行 行 行 行							

· 行動(행동) · 行軍(행군)

필순에 따라 한자를 써 보세요.

向							
향할 향							
口 – 총 6획	向 向 白 白 向 向						

· 方向(방향) · 向學(향학)

號							
부를 호							
虍 – 총 13획	號 號 號 號 號 號 號 號 號 號 號 號 號						

· 國號(국호)

畫							
그림 화							
田 – 총 13획	畫 畫 畫 畫 畫 畫 畫 畫 畫 畫 畫 畫 畫						

· 畫家(화가)

黃							
누를 황							
黃 – 총 12획	黃 黃 黃 黃 黃 黃 黃 黃 黃 黃 黃 黃						

· 黃金(황금)

訓							
가르칠 훈							
言 – 총 10획	訓 訓 訓 訓 訓 訓 訓 訓 訓 訓						

· 訓長(훈장) · 訓育(훈육)

6급

모의 한자능력검정시험

▶ 모의 한자능력검정시험을 보기 전에 꼭 읽어 보세요!

1. 모의 한자능력검정시험은 **6급** 쉽게 따는 **급수한자**를 완전히 학습한 후에 실제 시험에 임하는 자세로 풀어 보세요. 특히 각 단원의 마무리 학습을 통해 6급과정의 한자를 충분히 학습하세요.

2. 실제 한자능력검정시험 6급은 90문제이며, 시험 시간은 50분입니다. 가능하면 실제 시험과 동일한 조건에서 문제를 풀 수 있도록 하세요.

3. 모의 한자능력검정시험의 답은 첨부된 실제 검정시험과 동일한 형식의 답안지에 검정색 필기도구로 표기하세요.

4. **6급** 쉽게 따는 **급수한자**가 제공하는 모의 한자능력검정시험의 문제 유형은 실제 검정시험과 동일하므로 하루에 1회씩 3번에 걸쳐 모의 시험 경험을 쌓는다면 실제 시험에 임할 때 많은 도움이 될 것입니다.

5. 채점은 가능하면 부모님께서 해 주시고, 틀린 부분을 철저히 분석하여 충분한 보충 학습 후 실제 시험에 응시할 수 있게 하세요.

6. 모의 한자능력검정시험의 채점 결과를 통해 평가할 수 있는 내용은 다음과 같습니다.

등급	6급 정답수	평가	한자능력검정시험
A	81~90	아주 잘함	축하합니다. 꼭 합격하실 거예요.
B	76~80	잘함	열심히 공부하셨어요.
C	71~75	보통	본 교재를 한번 더 복습하세요.
D	70이하	부족함	많이 노력해야 해요.

※ 6급 합격 문항은 63문항입니다.

第1回 漢字能力儉定試驗 6級

① 다음 漢字의 獨音을 쓰세요. (1~33)

<보기> 天地 ⇨ 천지

1. 世代

2. 便利

3. 食堂

4. 平等

5. 所聞

6. 白米

7. 共同

8. 道理

9. 計算

10. 藥草

11. 草綠

12. 區間

13. 先頭

14. 級數

15. 道路

16. 感氣

17. 高級

18. 交感

19. 多讀

20. 大雪

21. 近來

22. 美人

23. 生死

24. 開放

25. 南行

26. 頭目

27. 例外

28. 番地

29. 病室

30. 各別

31. 時計

32. 使命

33. 石油

② 다음 漢字의 訓과 音을 쓰세요. (34~55)

<보기> 天⇨하늘 천

34. 名   35. 各

36. 夕   37. 冬

38. 度   39. 席

40. 畫   41. 書

42. 畵   43. 音

44. 意   45. 近

46. 李   47. 古

48. 頭   49. 感

50. 級   51. 本

52. 洋   53. 米

54. 衣   55. 式

③ 다음 밑줄 친 단어에 알맞은 漢字語를 쓰세요 (56~75)

56. 조상 대대로 지켜온 문화유산

57. 사람은 자연보호 자연은 사람보호

58. 이번에 이사를 가서 주소가 변경되었다.

59. 이 음식은 간식으로는 너무 기름지다.

60. 너도 이제 인생을 설계할 시기이다.

61. 백미만 먹는 것은 건강에 좋지 않다.

62. 인간으로 살 도리에만 신경을 써라.

63. 도면만으로는 잘 이해가 되지 않는다.

64. 성공을 하기 위해서는 열심히 노력해야 한다.

65. 출발 시간이 많이 늦었다.

66. 사막지역에는 식수가 많이 부족하다.

67. 온난화로 기온이 평년 온도보다 높다.

68. 인간은 숲에서 나와 본격적으로 직립보행을 하기 시작하였다.

69. 한가위는 <u>추석</u>의 순 우리말이다.

70. 4월 5일은 <u>식목</u>일이다.

71. 이 번 주말에는 같이 <u>등산</u> 가자.

72. 시청 광장에는 많은 <u>시민</u>들이 모였다.

73. 이 길 <u>중간</u>에는 휴게소가 있다.

74. 고양이는 원래 밤에 <u>활동</u>하는 야행성 동물이다.

75. 그는 하루도 빠지지 않고 <u>매일</u> 운동을 한다.

④ 다음 漢字와 音이 같은 漢字를 골라 번호를 쓰세요. (76~77)

76. 角 ⇨ ① 道 ② 各 ③ 洞 ④ 里

77. 科 ⇨ ① 果 ② 米 ③ 共 ④ 近

⑤ 다음 漢字語의 뜻을 쓰세요. (78~79)

78. 開校

79. 溫氣

⑥ 다음 漢字의 상대 또는 반의어를 골라

번호를 쓰세요. (80~82)

80. 多 ⇨ ① 小 ② 大 ③ 少 ④ 老

81. 古 ⇨ ① 言 ② 外 ③ 兄 ④ 今

82. 死 ⇨ ① 生 ② 花 ③ 氣 ④ 苦

⑦ 다음 한자와 뜻이 비슷한 한자를 골라 번호를 쓰세요. (83~84)

83. 地 ⇨ ① 天 ② 木 ③ 修 ④ 土

84. 服 ⇨ ① 車 ② 食 ③ 衣 ④ 敎

⑧ 다음 ( )안에 알맞은 漢字를 보기에서 찾아 번호를 쓰세요. (85~87)

<보기> ① 語 ② 言 ③ 答 ④ 各 ⑤ 名

85. 一口二(   ) : 한입으로 두말을 한다는 의미

86. 東問西(   ) : 질문과 상관없는 엉뚱한 대답

87. (   )人(   )色 : 사람마다 가지는 갖가지 모양, 개성

9 다음 漢字의 필순을 알아보세요. (88~90)

88. 漢字의 필순이 잘못된 것을 고르세요.

① 各 夂 夂 各 各 各

② 京 京 京 京 京 京 京 京

③ 近 近 近 近 近 近 近 近

④ 今 今 今 今

89. 多 (많을 다)자에서 화살표가

있는 획은 몇 번째로 쓰나요?

90. 光 (빛 광)자에서 화살표가

있는 획은 몇 번째로 쓰나요?

第2回 漢字能力儉定試驗 6級

① 다음 漢子의 讀音을 쓰세요. (1~33)

<보기> 天地 ⇨ 천지

1. 社長

2. 文明

3. 反省

4. 三角

5. 長短

6. 手術

7. 成功

8. 今年

9. 新入

10. 石油

11. 平野

12. 失手

13. 速度

14. 强力

15. 英國

16. 永住

17. 式場

18. 角度

19. 夕陽

20. 夜光

21. 勝利

22. 開校

23. 溫水

24. 發言

25. 高速

26. 學習

27. 禮式

28. 急速

29. 孫子

30. 科目

31. 作戰

32. 太陽

33. 出席

② 다음 漢字의 訓과 音을 쓰세요. (34~55)

<보기> 天 ⇨ 하늘 천

34. 多   35. 永

36. 病   37. 別

38. 死   39. 京

40. 苦   41. 根

42. 待   43. 例

44. 朴   45. 愛

46. 習   47. 野

48. 度   49. 樹

50. 夜   51. 强

52. 美   53. 番

54. 晝   55. 近

③ 다음 밑줄 친 단어에 알맞은 漢字語를 쓰세요. (56~75)

56. 너무 춥거나 더울 때는 외출을 삼가세요.

57. 수중에 돈이 한 푼도 없다.

58. 이 전투기는 공군이 아니라 해군 소속이다.

59. 한자공부는 점점 중요해 질 것이다.

60. 석식을 마치고 산책을 즐겼다.

61. 이 건물은 천년 전에 세워졌다.

62. 금일은 몇 일이니?

63. 설산의 모습이 너무 아름답다.

64. 아빠 회사 사장님이 굉장히 젊어 보였다.

65. 장단 맞춰 노래를 불러야지.

66. 이제 안심해도 괜찮다.

67. 전기는 국산이지만 원료는 수입입니다.

68. 많은 차들이 <u>도로</u>에 서있었다.

69. 이 곳은 <u>명당</u>이라 소문이 나있다.

70. <u>지구</u>는 인간의 것만이 아니다.

71. 누나는 <u>가수</u>가 되기위해 오디션에 참가하였다.

72. 조금 <u>부족</u>하게 먹는 것이 좋다.

73. 창문을 열어 <u>실내</u>를 환기하자.

74. 낯선 곳에서도 그는 <u>자연</u>스럽게 행동하였다.

75. 출발을 알리는 총소리에 그들은 <u>동시</u>에 뛰기 시작하였다.

④ 다음 漢字와 音이 같은 漢字를 골라 번호를 쓰세요. (76~77)

76. 樹 ⇨ ① 水 ② 夜 ③ 長 ④ 祖

77. 明 ⇨ ① 席 ② 名 ③ 圖 ④ 社

⑤ 다음 한자어의 뜻을 쓰세요. (78~79)

78. 高速

79. 失業

⑥ 다음 漢字의 상대 또는 반의어를 골라 번호를 쓰세요. (80~82)

80. 苦 ⇨ ① 藥 ② 病 ③ 古 ④ 樂

81. 言 ⇨ ① 行 ② 話 ③ 學 ④ 手

82. 近 ⇨ ① 長 ② 午 ③ 遠 ④ 夕

⑦ 다음 한자와 뜻이 비슷한 한자를 골라 번호를 쓰세요(83~84)

83. 洋 ⇨ ① 土 ② 天 ③ 海 ④ 木

84. 堂 ⇨ ① 門 ② 室 ③ 藥 ④ 根

⑧ 다음 ( )안에 알맞은 漢字를 보기에서 찾아 번호를 쓰세요(85~87)

<보기> ① 言 ② 全 ③ 戰 ④ 古 ⑤ 語

85. 山( )水( ) : 산에서의 싸움과 물에서의 싸움, 온갖 어려운 일을 겪은 상황

86. 有口無( ) : 입은 있지만 변

명이나 항변할 말이 없다는 뜻

87. 東西(   )今 : 동양과 서양, 옛
    날과 지금 모두를 통들어

⑨ 다음 漢字의 필순을 알아보세요. (88~90)

88. 漢字의 필순이 잘못된 것을 고르세요.
    ① 朴 朴 朴 朴 朴 朴
    ② 死 死 死 死 死 死
    ③ 夜 夜 夜 夜 夜 夜 夜 夜
    ④ 洋 洋 洋 洋 洋 洋 洋 洋

89. 交 (사귈 교)자에서 화살표가

    있는 획은 몇 번째로 쓰나요?

90. 失 (잃을 실)자에서 화살표가

    있는 획은 몇 번째로 쓰나요?

第3回 漢字能力儉定試驗 6級

① 다음 漢子의 讀音을 쓰세요.(1~33)

<보기> 天地 ⇨ 천지

1. 分業
2. 訓育
3. 書信
4. 身分
5. 始祖
6. 新聞
7. 老弱
8. 神童
9. 飮食
10. 作用
11. 夜間
12. 失言
13. 陽地
14. 野球
15. 英語
16. 後孫
17. 勝者
18. 美術
19. 開始
20. 韓服
21. 愛人
22. 溫度
23. 西洋
24. 新式
25. 言語
26. 綠色
27. 開放
28. 遠近
29. 庭園
30. 民族
31. 答禮
32. 交通
33. 特大

② 다음 漢字의 訓과 音을 쓰세요. (34~55)

<보기> 天 ⇨ 하늘 천

34. 禮
35. 服
36. 勝
37. 溫
38. 開
39. 路
40. 族
41. 者
42. 定
43. 訓
44. 通
45. 綠

46. 目　　　　47. 晝

48. 席　　　　49. 陽

50. 合　　　　51. 交

52. 親　　　　53. 晝

54. 美　　　　55 愛

③ 다음 밑줄 친 단어에 알맞은 漢字語를 쓰세요. (56~75)

56. 라디오에서 내가 좋아하는 <u>가수</u>의 노래가 흘러나왔다.

57. 이 책은 <u>상하</u> 두 권으로 나누어져있다.

58. 오늘은 <u>오전</u> 내내 바빴다.

59. 이 문은 <u>자동</u>으로 작동한다.

60. <u>화초</u>를 가꾸는 것이 엄마의 취미이다.

61. <u>삼각형</u> 모양을 찾아라!

62. 큰아버지가 <u>이장</u>님이시다.

63. <u>문명</u>이 발달 할수록 인간성은 점점 야박해지는 듯하다.

64. 옛날에는 <u>서당</u>에서 글을 배웠다.

65. 흥겨운 <u>농악</u> 소리가 들린다.

66. 쉬는 시간에 <u>작전</u>지시를 하였다.

67. <u>산수</u>를 잘한다고 반드시 수학을 잘하는 것은 아니다.

68. 한라산은 죽어있는 <u>화산</u>인가?

69. 그의 등장에 <u>사방</u>에서 환호소리가 일어났다.

70. 아시안게임은 남북<u>긴장</u>관계를 완화시킬 수 있다.

71. 많은 증거에도 그는 죄를 <u>자백</u>하지 않고 있다.

72. <u>교육</u>은 백년지대계라고 한다.

73. 그 사건은 <u>신문</u> 기사에 실렸다.

74. <u>형제</u>는 용감하였다.

75. 그도 <u>청년</u>시절에는 순수했던 사람이었다.

④ 다음 漢字와 音이 같은 漢字를 골라 번호를 쓰세요. (76~77)

76. 永 ⇨ ① 和 ② 英 ③ 植 ④ 急

77. 遠 ⇨ ① 幸 ② 意 ③ 晝 ④ 園

5 다음 한자어의 뜻을 쓰세요. (78~79)

78. 遠近

79. 注油

6 다음 漢字의 상대 또는 반의어를 골라 번호를 쓰세요.. (80~82)

80. 短 ⇨ ① 問 ② 下 ③ 多 ④ 長

81. 晝 ⇨ ① 死 ② 明 ③ 書 ④ 夜

82. 祖 ⇨ ① 女 ② 孫 ③ 男 ④ 夫

7 다음 漢字와 뜻이 비슷한 漢字를 골라 번호를 쓰세요. (83~84)

83. 言 ⇨ ① 語 ② 道 ③ 長 ④ 海

84. 樹 ⇨ ① 藥 ② 木 ③ 堂 ④ 里

8 다음 ( )안에 알맞은 漢字를 보기에서 찾아 번호를 쓰세요. (84~87)

〈보기〉 ① 洋 ② 强 ③ 陽 ④ 光 ⑤ 冬

85. 弱肉(   )食 : 약한 것이 강한 것에 먹힌다는 뜻

86. 電(   )石火 : 번개 불이나 돌을 쳐서 번쩍이는 불, 재빠른 움직임을 이르는 말

87. 春夏秋(   ) : 봄, 여름, 가을, 겨울

9 다음 漢字의 필순을 알아보세요. (88~90)

88. 漢字의 필순이 잘못된 것을 고르세요.

① 死 死 死 死 死 死

② 遠 遠 遠 遠 遠 袁 袁 袁 袁 遠

③ 向 向 向 向 向 向

④ 京 京 京 京 京 京 京 京

89. 式 (법 식)자에서 화살표가 있는 획은 몇 번째로 쓰나요?

90. 綠 (푸를 록)자에서 화살표가 있는 획은 몇 번째로 쓰나요?

수험번호 □□□-□□-□□□□   성명 □□□□□

주민등록번호 □□□□□□-□□□□□□□   ※유성 싸인펜, 붉은색 필기구 사용 불가.

※답안지는 컴퓨터로 처리되므로 구기거나 더럽히지 마시고, 정답 칸 안에만 쓰십시오.
  글씨가 채점란으로 들어오면 오답처리가 됩니다.

제 1회 한자능력검정시험 6급 답안지(1)

번호	정답	1검	2검	번호	정답	1검	2검	번호	정답	1검	2검
1				14				27			
2				15				28			
3				16				29			
4				17				30			
5				18				31			
6				19				32			
7				20				33			
8				21				34			
9				22				35			
10				23				36			
11				24				37			
12				25				38			
13				26				39			

감독위원	채점위원(1)	채점위원(2)	채점위원(3)
(서명)	(득점) (서명)	(득점) (서명)	(득점) (서명)

제 1회 한자능력검정시험 6급 답안지(2)

번호	정답	1검	2검	번호	정답	1검	2검	번호	정답	1검	2검
40				57				74			
41				58				75			
42				59				76			
43				60				77			
44				61				78			
45				62				79			
46				63				80			
47				64				81			
48				65				82			
49				66				83			
50				67				84			
51				68				85			
52				69				86			
53				70				87			
54				71				88			
55				72				89			
56				73				90			

The table above has the following column group headers:
- 답 안 지 (번호, 정답) / 채점란 (1검, 2검) — repeated three times across the page.

※6급 과정을 모두 마친 다음에 모의고사 답을 이 곳에 기재하세요.

수험번호 □□□-□□-□□□□   성명 □□□□□

주민등록번호 □□□□□□-□□□□□□□   ※유성 싸인펜, 붉은색 필기구 사용 불가.

※답안지는 컴퓨터로 처리되므로 구기거나 더럽히지 마시고, 정답 칸 안에만 쓰십시오.
  글씨가 채점란으로 들어오면 오답처리가 됩니다.

제 2회 한자능력검정시험 6급 답안지(1)

번호	정답	1검	2검	번호	정답	1검	2검	번호	정답	1검	2검
1				14				27			
2				15				28			
3				16				29			
4				17				30			
5				18				31			
6				19				32			
7				20				33			
8				21				34			
9				22				35			
10				23				36			
11				24				37			
12				25				38			
13				26				39			

감 독 위 원	채 점 위 원 (1)	채 점 위 원 (2)	채 점 위 원 (3)
(서명)	(득점) (서명)	(득점) (서명)	(득점) (서명)

※본 답안지는 컴퓨터로 처리되므로 구기거나 더럽혀지지 않도록 조심하시고 글씨를 칸 안에 또박또박 쓰십시오.

제 2회 한자능력검정시험 6급 답안지(2)

답 안 지		채점란		답 안 지		채점란		답 안 지		채점란	
번호	정 답	1검	2검	번호	정 답	1검	2검	번호	정 답	1검	2검
40				57				74			
41				58				75			
42				59				76			
43				60				77			
44				61				78			
45				62				79			
46				63				80			
47				64				81			
48				65				82			
49				66				83			
50				67				84			
51				68				85			
52				69				86			
53				70				87			
54				71				88			
55				72				89			
56				73				90			

※6급 과정을 모두 마친 다음에 모의고사 답을 이 곳에 기재하세요.

수험번호 □□□-□□-□□□□

성명 □□□□□

주민등록번호 □□□□□□-□□□□□□□

※유성 싸인펜, 붉은색 필기구 사용 불가.

※답안지는 컴퓨터로 처리되므로 구기거나 더럽히지 마시고, 정답 칸 안에만 쓰십시오.
글씨가 채점란으로 들어오면 오답처리가 됩니다.

제 3회 한자능력검정시험 6급 답안지(1)

번호	정답	1검	2검	번호	정답	1검	2검	번호	정답	1검	2검
1				14				27			
2				15				28			
3				16				29			
4				17				30			
5				18				31			
6				19				32			
7				20				33			
8				21				34			
9				22				35			
10				23				36			
11				24				37			
12				25				38			
13				26				39			

감독위원	채점위원(1)	채점위원(2)	채점위원(3)
(서명)	(득점) (서명)	(득점) (서명)	(득점) (서명)

제 3회 한자능력검정시험 6급 답안지(2)

번호	정 답	1검	2검	번호	정 답	1검	2검	번호	정 답	1검	2검
40				57				74			
41				58				75			
42				59				76			
43				60				77			
44				61				78			
45				62				79			
46				63				80			
47				64				81			
48				65				82			
49				66				83			
50				67				84			
51				68				85			
52				69				86			
53				70				87			
54				71				88			
55				72				89			
56				73				90			

(답안지 / 채점란 / 답안지 / 채점란 / 답안지 / 채점란)

· 재미있는 확인 학습 (18p~19p)

1.감 2.강 3.개 4.상경 5.고생 6.고물 7.구간 8.근 9.교감 10.군 11.① 12.② 13.① 14.④ 15.① 16.④ 17.① 18.④ 19.③ 20.①

· 기출 및 예상 문제 (20P~23P)

1. 1)각계 2)석식 3)명분 4)직각 5)세계 6)계산 7)고교 8)공평 9)공생 10)전구 11)감동 12)강력 13)개학 14)상경 15)고생 16)고대 17)구근 18)외교 19)구민 20)군민
2. 1)開學 2)東京 3)同苦同樂 4)共感 5)外交 6)強力
3. 1)③ 2)① 3)④ 4)② 5)⑤ 6)⑦ 7)⑨ 8)⑥ 9)⑧ 10)⑩
4. 1)감정을 서로 나눔 2)학교에서 수업을 다시 시작함 3)힘이 셈 4)외국과의 교제나 교섭 5)서울로 올라옴
5. 1)④ 2)① 3)② 4)③
6. 1)③ 2)④ 3)① 4)⑤ 5)② 6)⑥ 7)⑦ 8)⑨ 9)⑧ 10)⑩
7. 1)⑤ 2)③ 3)④ 4)① 5)②
8.

· 재미있는 확인 학습 (36p~37p)

1.근래 2.녹 3.급수 4.다수 5.대 6.도수 7.선두 8.예 9.예 10.도로 11.① 12.④ 13.③ 14.③ 15.② 16.③ 17.③ 18.② 19.① 20.②

· 기출 및 예상 문제 (38P~41P)

1. 1)급소 2)장단 3)식당 4)세대 5)대화 6)도면 7)동심 8)등수 9)천리 10)유리 11)녹색 12)근해 13)급수 14)다소 15)하대 16)각도 17)도로 18)두각 19)사례 20)답례
2. 1)級數 2)角度 3)多讀 4)道路 5)近海 6)頭角
3. 1)④ 2)① 3)③ 4)② 5)⑥ 6)⑤ 7)⑧ 8)⑦ 9)⑩ 10)⑨
4. 1)첫 머리, 맨 앞 2)땅위에 만들어 놓은 길 3)한 자리에서 교육 받도록 편성된 학생의 집단 4)실제로 있었던 일의 전례나 실례 5)책을 많이 읽음
5. 1)④ 2)① 3)② 4)③

6. 1)② 2)① 3)④ 4)③ 5)⑤ 6)⑦ 7)⑧ 8)⑥ 9)⑩ 10)⑨
7. 1)① 2)① 3)③ 4)② 5)④
8.

· 재미있는 확인 학습 (54p~55p)

1.백미 2.이 3.목 4.미 5.박 6.번 7.별 8.병 9.복 10.본래 11.③ 12.③ 13.① 14.① 15.② 16.③ 17.④ 18.③ 19.① 20.②

· 기출 및 예상 문제 (56P~59P)

1. 1)명월 2)신문 3)일기 4)공평 5)효자 6)전화 7)유명 8)활기 9)대화 10)좌우 11)백미 12)과목 13)미술 14)박 15)이 16)번지 17)별명 18)병실 19)한복 20)본래
2. 1)科目 2)李 3)綠色 4)美術 5)活力 6)有名
3. 1)⑥ 2)⑩ 3)⑧ 4)④ 5)⑦ 6)⑨ 7)③ 8)⑤ 9)① 10)②
4. 1)종류에 따라 갈라 놓음 2)본명 외에 딴 이름 3)우리나라의 전통의복
5. 1)① 2)③ 3)②
6. 1)③ 2)④ 3)⑦ 4)⑥ 5)⑧ 6)② 7)⑨ 8)① 9)⑩ 10)⑤
7. 1)① 2)④ 3)② 4)② 5)③
8.

· 재미있는 확인 학습 (72p~73p)

1.사 2.생사 3.석 4.석 5.속도 6.손자 7.식수 8.습 9.승 10.식 11.② 12.① 13.④ 14.② 15.① 16.④ 17.② 18.① 19.① 20.③

· 기출 및 예상 문제 (74P~77P)

1. 1)빠를 속 2)익힐 습 3)돌 석 4)법 식 5)손자 손 6)나무 수 7)죽을 사 8)부릴 사 9)이길 승 10)자리 석
2. 1)공식 2)사명 3)생사 4)석공 5)입석 6)손녀 7)수목 8)습자 9)속력 10)승전

3. 1)⑤ 2)⑦ 3)⑧ 4)① 5)④ 6)③ 7)② 8)⑩ 9)⑥ 10)⑨
4. 1)③ 2)② 3)⑧ 4)⑥ 5)⑤ 6)⑨ 7)⑩ 8)① 9)④ 10)⑦
5. 1)빠르기 2)아들 또는 딸의 아들
   3)나무를 심음 4)겨루거나 싸워서 이김
   5)사람이나 물건 등을 쓰거나 부림
6. 1)④ 2)② 3)④ 4)③ 5)①
7. 1)③ 2)① 3)④ 4)② 5)⑤
8.

· 재미있는 확인 학습 (90p~91p)

1.실수 2.애 3.야구 4.야 5.서양 6.양지 7.언 8.영어 9.영 10.온수 11.④ 12.③ 13.① 14.② 15.④ 16.① 17.④ 18.② 19.③ 20.①

· 기출 및 예상 문제 (92P~95P)

1. 1)잃을 실 2)사랑 애 3)들 야 4)밤 야 5)큰 바다 양
   6)볕 양 7)말씀 언 8)꽃부리 영 9)길 영 10)따뜻할 온
2. 1)실수 2)애국 3)산야 4)언어 5)야식 6)영국 7)영주
   8)동양 9)양지 10)온도
3. 1)⑥ 2)⑨ 3)⑤ 4)⑩ 5)① 6)③ 7)② 8)④ 9)⑦ 10)⑧
4. 1)⑨ 2)⑦ 3)⑩ 4)④ 5)⑤ 6)③ 7)② 8)① 9)⑥ 10)⑧
5. 1)부주의로 잘못을 저지름 2)자기 나라를 사랑함.
   3)밤사이 밤동안.
   4)볕이 바로 드는 곳. 5)따듯한 물.
6. 1)④ 2)② 3)④ 4)① 5)④
7. 1)③ 2)② 3)④ 4)① 5)③
8.

· 재미있는 확인 학습 (108p~109p)

1.동물원 2.이유 3.석유 4.은 5.원 6.의술 7.의복 8.자 9.

장 10.재학생 11.③ 12.② 13.② 14.④ 15.① 16.④ 17.①
18.① 19.③ 20.③

· 기출 및 예상 문제 (110P~113P)

1. 1)동산 원 2)멀 원 3)말미암을 유 4)기름 유 5)은 은
   6)의원 의 7)옷 의 8)놈 자 9)글 장 10)있을 재
   11)소리 음 12)뜻 의 13)이름 명 14)각각 각 15)저녁 석
   16)법도 도 17)자리 석 18)약 약 19)즐거울 락 20)글 서
2. 1)화원 2)자유 3)금은 4)의복 5)의술 6)원근 7)석유
   8)독자 9)문장 10)현재
3. 1)⑧ 2)⑨ 3)⑩ 4)⑦ 5)⑥ 6)① 7)⑤ 8)④ 9)② 10)③
4. 1)⑨ 2)⑧ 3)⑦ 4)② 5)① 6)④ 7)③ 8)⑤ 9)⑥ 10)⑩
5. 1)계획이나 희망 따위가 규모가 크고 깊음.
   2)잘 가꾸어 놓은 넓은 뜰.
   3)사물이 어디에서 연유하여 옴.
   4)옷 5)이제. 지금.
6. 1)② 2)① 3)③
7. 1)④ 2)① 3)②
8.

· 재미있는 확인 학습 (132p~135p)

1.정 2.민족 3.주간 4.조식 5.친 6.태 7.특별 8.통로 9.합체 10.행동 11.향 12.신호 13.화가 14.황토 15.훈장 16.②
17.③ 18.③ 19.③ 20.④ 21.④ 22.③ 23.② 24.③ 25.①
26.③ 27.① 28.④ 29.④ 30.②

· 기출 및 예상 문제 (136P~141P)

1. 1)정할 정 2)아침 조 3)겨레 족 4)친할 친 5)클 태
   6)통할 통 7)특별할 특 8)합할 합 9)행할 행
   10)향할 향 11)부를 호 12)그림 도 13)누를 황
   14)가르칠 훈 15)소리 음 16)뜻 의 17)이름 명
   18)각각 각 19)저녁 석 20)겨울 동 21)법도 도
   22)자리 석 23)낮 주 24)글 서 25)그림 화

2. 1)조석 2)민족 3)주간 4)안정 5)태양 6)신통 7)특별 8)합계 9)친족 10)은행 11)방향 12)국호 13)화가 14)황금 15)교훈

3. 1)① 2)④ 3)② 4)③ 5)⑨ 6)⑧ 7)⑥ 8)⑦ 9)⑤ 10)⑩ 11)⑮ 12)⑫ 13)⑬ 14)⑭ 15)⑪

4. 1)② 2)⑨ 3)⑥ 4)⑧ 5)⑤ 6)⑮ 7)⑩ 8)⑪ 9)⑬ 10)① 11)③ 12)⑦ 13)⑫ 14)⑭ 15)④

5. 1)낮 동안.
   2)앞으로 도움이 되거나 참고할 만한 사실을 가르치고 일깨움.
   3)학교의 교육목표를 나타낸 표어.
   4)흔들림이 없이 안전하게 자리 잡음.
   5)향하거나 나아가는 쪽.
   6)아침과 저녁.
   7)시집간 여자의 본집. 8)해, 태양계의 중심항성.
   9)전화로 말을 주고받음
   10)그림 그리는 것을 업으로 삼는 사람

6. 1)② 2)④ 3)③ 4)①

7. 1)④ 2)② 3)④

8.

· 실전대비 총정리 (143P~148P)

1.실언 2.조석 3.석유 4.훈장 5.문장 6.속도 7.집합
8.풍향 9.생사 10.야구 11.근래 12.고금 13.태양
14.제목 15.고생 16.애국 17.언어 18.과목 19.녹색
20.의복 21.근본 22.개방 23.각도 24.입석 25.손자
26.급수 27.도로 28.행방 29.영원 30.번호

31.머리 두 32.예도 례, 예 33.옛 고 34.눈 목
35.고을 군 36.돌 석 37.옷 복 38.가까울 근
39.죽을 사 40.아름다울 미 41.부릴 사 42.아침 조

43.다를 별 44.길 영 45.병 병 46.손자 손
47.말씀 언 48.밤 야 49.은 은 50.향할 향

51.① 52.⑧ 53.⑤ 54.⑦ 55.③

56)東南 57)白軍 58)萬一 59)生日 60)學校
61)生水 62)靑年 63)工場 64)弟子 65)先祖
66)人道 67)姓名 68)王室 69)每日 70)植物
71)氣色 72)室外 73)安心 74)國民 75)先生

76.⑤ 77.⑧ 78.① 79.② 80.③ 81.⑩ 82.⑥ 83.⑦ 84.④
85.⑨

86.우두머리 87.요즈음 88.옛날과 지금
89.아름다운 사람 90.밤에 먹는 음식
91.돌을 세공하는 사람 92.바람이 불어오는 방향

93.② 94.③ 95.①
96.③ 97.② 98.④
99.② 100.③ 101.⑤

102. 다섯 번째
103. 네 번째
104. 여섯 번째

모의한자능력검정시험 (제1회)

[1] 1. 세대
2. 편리
3. 식당
4. 평등
5. 소문
6. 백미
7. 공동
8. 도리
9. 계산
10. 약초
11. 초록
12. 구간
13. 선두
14. 급수
15. 도로
16. 감기
17. 고급
18. 교감
19. 다독
20. 대설
21. 근래
22. 미인
23. 생사
24. 개방
25. 남행
26. 두목
27. 예외
28. 번지
29. 병실
30. 각별
31. 시계
32. 사명
33. 석유
[2] 34. 이름 명
35. 각각 각
36. 저녁 석
37. 겨울 동
38. 법도 도
39. 자리 석
40. 낮 주
41. 글 서
42. 그림 화
43. 소리 음
44. 뜻 의
45. 가까울 근
46. 오얏 이,리
47. 옛 고
48. 머리 두
49. 느낄 감
50. 등급 급
51. 근본 본
52. 큰 바다 양
53. 쌀 미
54. 옷 의
55. 법 식
[3] 56. 祖上
57. 自然
58. 住所
59. 間食
60. 人生
61. 白米
62. 道理
63. 圖面
64. 成功
65. 出發
66. 食水
67. 平年
68. 直立
69. 秋夕
70. 植木
71. 登山
72. 市民
73. 中間
74. 活動
75. 每日
[4] 76. ②
77. ①
[5] 78. 학교가 문
을 염
79. 따뜻한 가운
[6] 80. ③
81. ④
82. ①
[7] 83. ④
84. ③
[8] 85. ②
86. ③
87. ④
[9] 88. ③
89. 다섯 번째
90. 첫 번째

모의한자능력검정시험 (제2회)

[1] 1. 사장
2. 문명
3. 반성
4. 삼각
5. 장단
6. 수술
7. 성공
8. 금년
9. 신입
10. 석유
11. 평야
12. 실수
13. 속도
14. 강력
15. 영국
16. 영주
17. 식장
18. 각도
19. 석양
20. 야광
21. 승리
22. 개교
23. 온수
24. 발언
25. 고속
26. 학습
27. 예식
28. 급속
29. 손자
30. 과목
31. 작전
32. 태양
33. 출석
[2] 34. 많을 다
35. 길 영
36. 병 병
37. 다를 별
38. 죽을 사
39. 서울 경
40. 쓸 고
41. 뿌리 근
42. 기다릴 대
43. 법식 례, 예
44. 성 박
45. 사랑 애
46. 익힐 습
47. 들 야
48. 법도 도,
잴 탁
49. 나무 수
50. 밤 야
51. 강할 강
52. 아름다울미
53. 차례 번
54. 낮 주
55. 가까울 근
[3] 56. 外出
57. 手中
58. 海軍
59. 漢字
60. 夕食
61. 千年
62. 今日
63. 雪山
64. 社長
65. 長短
66. 安心
67. 電氣
68. 道路
69. 明堂
70. 地球
71. 歌手
72. 不足
73. 室內
74. 自然
75. 同時
[4] 76. ①
77. ②
[5] 78. 매우 빠른
속도
79. 일자리가
없거나 잃
은 상태
[6] 80. ④
81. ①
82. ③
[7] 83. ③
84. ②
[8] 85. ③
86. ①
87. ④
[9] 88. ②
89. 다섯 번째
90. 네 번째

모의한자능력검정시험 (제3회)

[1] 1. 분업
2. 훈육
3. 서신
4. 신분
5. 시조
6. 신문
7. 노약
8. 신동
9. 음식
10. 작용
11. 야간
12. 실언
13. 양지
14. 야구
15. 영어
16. 후손
17. 승자
18. 미술
19. 개시
20. 한복
21. 애인
22. 온도
23. 서양
24. 신식
25. 언어
26. 녹색
27. 개방
28. 원근
29. 정원
30. 민족
31. 답례
32. 교통
33. 특대
[2] 34. 예도 례, 예
35. 옷 복
36. 이길 승
37. 따뜻할 온
38. 열 개
39. 길 로
40. 겨레 족
41. 놈 자
42. 정할 정
43. 가르칠 훈
44. 통할 통
45. 푸를 록,
녹
46. 눈 목
47. 그림 화
48. 자리 석
49. 볕 양
50. 합할 합
51. 사귈 교
52. 친할 친
53. 낮 주
54. 아름다울 미
55. 사랑 애
[3] 56. 歌手
57. 上下
58. 午前
59. 自動
60. 花草
61. 三角形
62. 里長
63. 文明
64. 書堂
65. 農樂
66. 作戰
67. 算數
68. 火山
69. 四方
70. 南北
71. 自白
72. 敎育
73. 新聞
74. 兄弟
75. 靑年
[4] 76. ②
77. ④
[5] 78. 멀고 가까움
79. 기름을 넣음
[6] 80. ④
81. ④
82. ②
[7] 83. ①
84. ②
[8] 85. ②
86. ④
87. ⑤
[9] 88. ②
89. 다섯 번째
90. 열 번째